AF362676

RAPPORT

SUR LES

TRAVAUX CARTOGRAPHIQUES

PUBLIÉS PAR LES MINISTÈRES FRANÇAIS

A PROPOS DE

L'EXPOSITION ORGANISÉE A DOUAI

lors du Congrès national de géographie

EN 1883

Par J. V. BARBIER

OFFICIER D'ACADÉMIE,
SECRÉTAIRE GÉNÉRAL ET DÉLÉGUÉ SPÉCIAL DE LA SOCIÉTÉ DE GÉOGRAPHIE DE L'EST,
MEMBRE ET CORRESPONDANT DES ACADÉMIES DE STANISLAS (NANCY)
ET DES SCIENCES ET BELLES-LETTRES D'ANGERS,
DE LA SOCIÉTÉ ACADÉMIQUE HISPANO-PORTUGAISE DE TOULOUSE,
DE LA SOCIÉTÉ D'ÉMULATION DES VOSGES,
DES SOCIÉTÉS DE GÉOGRAPHIE COMMERCIALE DE PARIS, BORDEAUX ET SAINT-GALL,
DES SOCIÉTÉS DE GÉOGRAPHIE DE LYON, MARSEILLE, ROUEN, ROCHEFORT, ANVERS, BERNE ET LISBONNE

NANCY

IMPRIMERIE BERGER-LEVRAULT ET Cⁱᵉ

11, RUE JEAN-LAMOUR, 11

1884

RAPPORT

SUR LES

TRAVAUX CARTOGRAPHIQUES

publiés par les ministères français

A PROPOS DE L'EXPOSITION ORGANISÉE A DOUAI

lors du Congrès national de géographie

EN 1883

Par M. J. V. BARBIER

I.

PRÉLIMINAIRES.

Lorsqu'en 1881, je fus chargé, dans des circonstances autres que celles d'aujourd'hui (¹), de présenter un rapport sur les cartes exposées par le ministère de l'intérieur à l'exposition géographique d'Épinal (²), je ne prévoyais pas être, à si peu de temps de là, appelé à faire un travail analogue, mais embrassant cette fois les publications de quatre ministères, car c'est en pareil nombre qu'ils figuraient, à des degrés divers, à l'exposition de Douai.

En acceptant volontiers cette mission que m'a confiée, hors jury pour ainsi dire, le bureau de l'Union géographique du Nord, je ne pouvais qu'être flatté sans pour cela me rendre sur le moment un compte bien exact du caractère et de l'utilité de ce rapport.

Trois modes se présentaient : 1° remercier les ministères de la part qu'ils avaient prise à l'exposition; — pas n'était besoin de s'adresser à moi pour cela et c'était simplement la tâche du bureau organisateur de l'exposition ; — 2° ou indiquer, d'une façon plus ou moins sommaire ou détaillée, les différentes cartes exposées en accompagnant

(¹) Comme président du jury de géographie d'Épinal.
(²) Cette exposition a été organisée lors du concours régional d'Épinal.

le tout d'un éloge de convenance, — et il n'est pas nécesaire de mettre en jeu la moindre compétence pour faire des compliments dont se soucient peut-être fort peu ceux auxquels ils seraient ici destinés ; — 3° ou, enfin, faire une étude critique des travaux exposés avec toute l'indépendance possible.

Mais ici, pour sortir de la banalité, la mission devenait plus dangereuse à deux points de vue : d'une part, un sentiment très naturel d'insuffisance, bien fait pour m'engager à reculer devant la tâche ; d'autre part, l'idée de se heurter contre des hommes de haute valeur, d'une spécialité transcendante, ce qui est une cause bien autrement décisive d'hésitation, voire même de renoncement. C'est bien, sous une autre forme, ce que j'exposais déjà à M. le ministre de l'intérieur, en 1881.

Cependant, c'est peut-être prendre la chose de bien haut, de trop haut pour moi, chétif, et il est bien probable que, de mes éloges comme de mes critiques, on ne tiendra pas plus de cas en certains milieux, et que je m'expose ou à manquer le but ou à le dépasser. A cela je gagnerais d'être plus à l'aise si l'on veut, mais franchement, on pourrait se demander alors à quoi servirait le travail que j'entreprends.

Je demande pardon à qui de droit de ce trop long préambule et de ces hésitations dont on pourrait suspecter la sincérité ; mais il convient absolument de bien définir le but de ce rapport pour en bien saisir le caractère et la portée. Une considération seule a levé tous mes doutes et mes scrupules, c'est qu'à côté des éloges ou des critiques, des appréciations favorables ou non, — car on ne saurait s'attendre à ce que je fisse une simple description anatomique des œuvres cartographiques des ministères, en m'interdisant le droit de dire ce que je trouve bien et ce que je trouve mal, — il y a une raison décisive, un but essentiel à atteindre, c'est de faire connaître, de vulgariser ces œuvres capitales entre toutes, exécutées aux frais de l'État en somme, et appelées surtout à servir au plus grand nombre de Français possible, à une époque où chacun est tenu, pendant les périodes de paix comme aux heures de danger, de donner sa part de travail intelligent, ou de sacrifices de toutes sortes, à la prospérité ou à la défense de la patrie.

Et ce but est d'autant plus justifié, que deux ministères entre autres, la Guerre et l'Intérieur, font des efforts journaliers en vue de la vulgarisation de leurs œuvres et s'évertuent à les répandre par tous moyens en leur pouvoir.

C'est donc cette propagande qu'il faut appuyer, encourager, développer, et à laquelle doivent se consacrer, dans toutes les circonstances qui se présentent, les Sociétés de géographie. C'est là, d'ailleurs, une des raisons d'être de leur existence, de leurs congrès, de leurs diverses publications : bulletins, comptes rendus, etc... Et c'est à ce titre seul, — je n'ai pas l'outrecuidance d'en invoquer d'autres, — que ce travail se recommande à leur attention et à leur publicité.

C'est pourquoi, non content d'envisager exclusivement les différents spécimens qui ont figuré à l'exposition de Douai, je signalerai, en les appréciant, toutes les principales productions cartographiques des différents ministères, sans toutefois songer un instant à donner à ce rapport l'étendue du rapport du jury de 1878, par exemple, et cela par toutes sortes de raisons, dont deux seules suffisent, à savoir : que l'exposition de Douai n'est pas à mettre en parallèle avec l'Exposition universelle et que le but du rapporteur est absolument différent. Je n'en serai pas moins très heureux si l'on y trouve les éléments d'un rapprochement, si lointain qu'il soit, constatant les progrès réalisés, à divers degrés, par les uns et par les autres, dans cette période de cinq années.

II.

MULTIPLICITÉ DES PUBLICATIONS.

La première impression que l'on éprouve en présence de l'exposition faite par les différents ministères, c'est un étonnement profond, non de la multiplicité des productions, mais de celle des origines. On ne s'explique pas pourquoi là, où l'unité de vues et d'efforts devrait être la plus complète, sauf à donner aux travaux une variété appropriée aux emplois spéciaux, ce sont trois ministères au moins, trois administrations différentes, sinon rivales et jalouses, qui entreprennent des publications très diverses, trop diverses même, sans qu'il soit possible de discerner véritablement la raison de ces divergences, encore moins de faire un choix parmi les garanties offertes par l'une ou par l'autre de ces productions.

Ce n'est pas d'aujourd'hui que cet étonnement se traduit, sinon par la voie des bulletins ou revues spéciales, mais dans les échanges d'idées entre les Sociétés de géographie. Cependant, c'est la première fois, qu'au congrès de l'*Association pour l'avancement des sciences*, à Rouen, des personnages autorisés lui ont donné un caractère décisif et en ont fait l'expression d'un vœu.

« Pourquoi, dit M. Perrier (¹), ne pas créer, comme on
« l'a fait jadis, un comité *d'hommes vraiment compétents*,
« qui fixerait, une fois pour toutes, un travail d'ensemble
« qui servirait à tous ? Ce travail serait soit au 10,000ᵉ,
« soit au 20,000ᵉ, etc..., et alors on ne verrait plus les Ponts
« et chaussées, le Service vicinal, la Guerre, les Forêts,
« faire chacun *pour eux* un même travail qui va dormir
« dans les cartons et qui ne sert plus à personne.

« Il y aurait économie de temps... et d'argent. »

« On dirait véritablement, ajoute le délégué de la Société

(¹) Voir le compte rendu résumé des travaux de la Section de géographie, par le Dr Fournier, délégué de la Société de géographie de l'Est — le *Bulletin* 1883.

de géographie de l'Est à ce congrès, à voir les habitudes qui dominent dans nos divers ministères, que ces derniers appartiennent à des nationalités différentes ! »

Il y a beaucoup, beaucoup de vrai dans ces appréciations très énergiques du colonel Perrier et du Dr Fournier, bien qu'on ne puisse dire d'une façon absolue que les cartes du ministère de la guerre[1] et celles du ministère de l'intérieur[2] dorment dans les cartons. Nous verrons tout à l'heure ce qui s'est fait de ces deux côtés en vue de la vulgarisation. Mais il est certainement et doublement dommageable, au point de vue de l'homogénéité, de l'esprit de suite des diverses publications cartographiques et du surcroît de charges budgétaires, que l'on n'ait pas procédé, dès l'origine, d'une façon plus logique et plus uniforme.

Est-il encore temps d'en revenir ? Oui, pour l'avenir ; car, pour le présent, les travaux commencés pâtiraient eux-mêmes de cette unification en raison de leur degré d'avancement.

Ce n'est pas ici le lieu de rechercher les causes, peut-être très complexes, qui ont amené cet état de choses ; mais, sans remonter bien loin, je crois bien que l'esprit de corps, qui a sans doute ses beaux côtés, est l'une des principales. Quoi qu'il en soit, comme conséquences pratiques, c'est d'abord une concurrence fâcheuse qui se fait entre les ministères, un peu aux frais des deniers publics ; c'est ensuite un grand embarras, une grande perplexité pour le public français qui vraiment ne saurait se payer le luxe d'acheter toutes les cartes de France et qui ne sait à laquelle il doit donner la préférence. Bien plus,

---

[1] L'édition à bon marché en report sur pierre de la carte de l'état-major et les réductions accordées sur les prix à certaines sociétés savantes, est une preuve du bon vouloir du ministère de la guerre en faveur de la vulgarisation. On verra plus loin aussi les réductions de cette carte faites dans le même but.

[2] Le ministère de l'intérieur établit ses cartes, pour les sociétés de vulgarisation, au même prix de faveur que pour tous les fonctionnaires civils et militaires.

il n'est pas dit que si, pour ma part, je me hasarde à manifester une préférence en faveur des publications cartographiques d'un ministère, je ne m'expose à être assez mal en cour près des autres.

Somme toute, il n'est pas nécessaire d'aller jusque-là, et je ne saurais même risquer l'indépendance de mes appréciations dans une sorte de partialité qui risquerait fort de me faire manquer le but. Ce serait vulgariser au profit d'un seul, et cela n'est ni dans mes intentions, ni dans celles de ceux qui m'ont chargé de la tâche que j'accomplis.

Il suffit d'avoir signalé les défauts de la situation et de m'être associé, dans la mesure qu'il convenait, au vœu que M. le colonel Perrier s'est chargé de soumettre à l'Institut.

III.

CARACTÈRES GÉNÉRAUX DES PUBLICATIONS.

Puisque c'est principalement œuvre de vulgarisation que je fais en ce moment, il me semble nécessaire, en présence de la nature si diverse des travaux cartographiques que je vais embrasser, de bien définir leurs caractères généraux.

Aujourd'hui, la cartographie s'est développée d'une façon prodigieuse ; non seulement elle embrasse toutes les œuvres qui ont pour objet la représentation plus ou moins conventionnelle du sol sur un plan, mais elle comprend encore les dessins graphiques qui, sous forme de diagrammes ou de gammes de teintes, figurent, en les résumant, les données de statistique de toutes sortes.

Il n'y a évidemment pas de connexité absolue entre ces deux rôles de la cartographie, et c'est d'autant plus vrai qu'on distingue le second sous le nom plus exact de statistique graphique. Mais, en fait, l'exécution des deux genres de travaux est une même spécialité que je qualifierai de manuelle ; la statistique a bien des côtés com-

muns avec la géographie et lui emprunte même ses cartes
planimétriques. L'une et l'autre exigeant, sur bien des
points, des connaissances communes, — quand il s'agit,
par exemple, d'établir le rapport de certaines productions
naturelles ou industrielles, de chiffres d'habitants suivant
le relief ou la constitution géologique du sol, — on ne
saurait aujourd'hui parler de la cartographie en l'isolant
de la statistique graphique.

Au surplus, c'est la conséquence logique et nécessaire
d'un progrès bien tardif chez nous et qui consiste à aider,
à suppléer même, au travail appliqué de l'esprit, par une
image frappante et facilement saisie par les yeux.

Si l'on sait, d'une part, quelle lacune fondamentale cau-
sait dans l'enseignement le manque de cartes, — et j'ai
montré ailleurs que c'était la seule sérieuse à mon avis,
— lacune qui se comble aujourd'hui tous les jours, on
est étonné de voir quelle prodigieuse clarté les graphiques
apportent à la lecture de ces colonnes de chiffres, inter-
minables, confuses, amoncelées dans les documents admi-
nistratifs et dans les statistiques de toutes espèces. Il faut
les avoir vus de près pour juger du progrès immense que
l'on a réalisé dans ce sens en supprimant à la fois un
excès de travail ardu et des pertes de temps obligées. J'y
reviendrai tout à l'heure quand je traiterai des travaux
spéciaux de chaque ministère. Mais il n'est pas jusqu'à
celui de la justice qui n'ait eu recours à ce mode de représentation pour ses statistiques de procédure ou de crimi-
nalité de toutes catégories. J'ai sous les yeux (¹) 9 cartes
de la France (²) et 4 graphiques et diagrammes (³) très

(¹) Grâce à l'obligeance de M. Yvernès, directeur de la statistique au ministère
de la justice.

(²) Nº 1, crimes contre les personnes; nº 2, contre les propriétés; nº 3, nombre
d'accusés par rapport à la population; nº 4, crimes et délits envers l'enfant; nº 7,
récidive; nº 9, prévenus, rapport à la population; nº 13, procès civils; nº 14, procès
de commerce; nº 15, séparations de corps.

(³) Nº 1, cours d'assises (conditions individuelles des accusés, marche de la crimi-
nalité; nº 8 (accusés ne sachant ni lire ni écrire), crimes et délits envers l'enfant;
récidive; nº 12, affaires correctionnelles jugées, suicides; nº 16, procès civils
et de commerce, séparations de corps.

curieux à consulter et qui résument vraisemblablement une centaine de pages de chiffres ou de commentaires. On pense bien que le ministère de l'agriculture n'est pas en reste (¹) et l'on ne sera pas étonné d'apprendre que les finances ont leurs atlas de graphiques (²). La médecine **a** aussi les siens (³) et elle en aura bien d'autres encore, car il est des travailleurs (⁴) qui s'en occupent. On peut, à bon droit aussi, désirer que le ministère du commerce entre dans cette voie, encouragé, d'autre part, par l'initiative privée, par celle surtout des sociétés de géographie commerciale.

Cela dit, je ne veux pas sortir autrement du cadre que je me suis tracé. Je ne puis aborder que les travaux des ministères qui ont été représentés à Douai.

Du reste, par état et par tendance, deux des ministères en question, la Guerre et la Marine, ne sont pas sortis de leur spécialité cartographique proprement dite. Chez ceux-là aussi, on comprend qu'il y ait direction absolument distincte entre leurs travaux respectifs, et les différences obligées qui existent entre les cartes topographiques et les

---

(¹ Il a été fait des atlas de statistique agricole ; mais rien ne m'a révélé, depuis quelques années, de travaux de ce genre mis à jour, ou faits en vue d'une publicité sérieuse. Ne figurant à aucune exposition, ils échappent à la fois à l'examen et à la vulgarisation, au moins au point de vue géographique et pédagogique. En 1875, la direction de l'agriculture au ministère de l'agriculture et du commerce, a publié un atlas de statistique agricole, par M. P. Heuzé, contenant 16 cartes de la France à tous les différents points de vue de productions, de cultures, d'exploitations, etc... Tout y est : pâturages, métayages, bétail, céréales, textiles, betteraves, olivier, houblon, vignes, tabacs, fruits à cidre, vins et alcools, espèces chevaline et bovine, porcine et autres, mûrier et soie, rochers, forêts, produits du lait, enseignement et associations agricoles, etc... On ferait déjà un volume en condensant tous ces matériaux.

Déjà, en 1873, le même ministère avait fait figurer à l'Exposition de Vienne un atlas contenant 16 cartes seulement, plus petites que celles dont nous venons de parler, avec quelques aquarelles, et donnant des types d'animaux et de plantes.

Quoique relativement peu récentes, il serait heureux que le ministère de l'agriculture exposât, en toutes circonstances, ces deux œuvres de grande utilité.

² Il y a deux ans environ, le ministère des finances a publié, sous forme de cartogramme, un atlas de statistique graphique.

Je dois à M. le Dr Louis, de l'Académie de médecine, quelques-unes des cartes dont peut-être dans ce genre. L'ouvrage est publié près, bien... de la société de statistique.

³ Le Dr Pommet?, professeur à la Faculté de médecine de Nancy, travaille beaucoup, de son côté, à ce genre de cartes. Je lui en ai dessiné quelques-unes pour ma part.

cartes hydrographiques impliquent, non seulement celles
de la direction et du personnel, mais encore celles de
l'exécution. J'aurai peu à dire d'ailleurs du ministère de
la marine, dont les travaux ne s'écartent pas et ne peuvent
s'écarter d'une facture uniforme.

D'autre part et par contre, l'Intérieur et les Travaux publics offrent, dans une inégale proportion, des productions
des deux sortes : cartographie spéciale et statistique graphique. Malgré cette distinction caractéristique avec les
deux autres ministères, il n'est que juste, dans cet exposé,
de les envisager par ordre d'importance de publication et
en raison de la part plus grande qu'ils ont prise à l'exposition de Douai.

C'est ainsi que j'ai été amené à procéder comme suit :
1° ministère de la guerre ; 2° ministère de l'intérieur ;
3° ministère des travaux publics ; 4° enfin ministère de
la marine.

IV.

MINISTÈRE DE LA GUERRE : CARTE DE FRANCE.

A tout seigneur tout honneur, et nul ne sera jaloux, je
pense, de ce que je commence par celui qui, entre tous,
et bien longtemps avant tous, par grâce d'état, s'est le plus
et le mieux consacré aux travaux cartographiques. C'est à
cette situation exceptionnelle, c'est à cette spécialité exclusive autant qu'à la valeur et à l'importance magistrale
de ses travaux auxquels ont puisé tous les autres, que le
Dépôt de la guerre doit cette légitime priorité, et aussi,
malgré des critiques quelquefois justes, souvent exagé-
rées[1], auxquelles, pour ma part, je m'associe dans une
certaine mesure, le prestige incontesté dont on ne saurait
le dépouiller.

L'œuvre qu'il a entreprise et qu'il a menée, quoi qu'on
dise, à bonne fin, c'est la création colossale de la carte de
France, dite de l'état-major. Plus on la regarde, plus on

[1] Le colonel Rouby dit : critiques sévères, souvent injustes.

est stupéfait de la somme de travail et de la puissante organisation qu'elle a exigées.

On a pu la critiquer, cette carte, viens-je de dire, mais l'aveugle public n'y a mis aucun discernement. On ne saurait méconnaître que bien des négligences n'y aient été commises et que les moyens de mise à jour rapides n'aient pu être étudiés beaucoup plus tôt; mais il faut bien dire qu'on s'est mépris du tout au tout dans ce blâme inconséquent, pour ne pas dire autre chose, dont, au lendemain de nos désastres, l'opinion inconsciente couvrit la carte de l'état-major. Il y a deux choses, deux éléments bien distincts dans toute carte géographique et surtout topographique : c'est la géographie que j'appellerai naturelle, c'est-à-dire l'orographie et l'hydrographie telles que les éléments et les causes originelles les ont faites ou les transforment, et la géographie que, par opposition, j'appellerai artificielle, laquelle est l'œuvre exclusive de l'homme : canaux, routes, chemins de fer, ponts, tunnels, déblais, remblais, desséchements, défrichements, reboisements, etc... Eh bien, en tant que géographie naturelle ou purement physique, la carte de l'état-major (nous l'envisagerons tout à l'heure au point de vue de l'exécution) est restée, en principe, le chef-d'œuvre du genre, malgré les défectuosités infinitésimales qu'elle présente.

Autre chose est de la géographie artificielle; encore que plus d'une critique ait été fondée, — j'en ai connu pour ma part, — elles n'affectaient que quelques points de détail, qui, à leur heure, pouvaient avoir une certaine importance, mais qui, en somme, ne pouvaient affecter l'ensemble de ce monument fondamental, sinon unique aujourd'hui, de la géographie de la France.

Donc c'est simplement au point de vue de la mise à jour de la géographie artificielle que la carte de l'état-major a pu mériter des critiques ; ce sont des lacunes de ponts, de chemins, de défrichements ou de reboisements, de cons-

tructions nouvelles, ou modifiées, ou disparues, sortes
de travaux qui se modifient en se complétant tous les
jours, que la grande masse du public français a confondues
avec ces défauts capitaux dans l'étude et le relevé des reliefs (¹), incompatibles avec des opérations topographiques
sérieuses et dont certainement la carte de l'état-major est
aussi exempte que possible.

Tels sont bien les termes de la question que je suis heureux d'avoir l'occasion de rétablir dans la vérité.

Mais elle a été défendue, cette carte, et c'est au sein
même du corps des officiers qui ont contribué à son établissement ou à sa mise à jour, que se sont trouvés tout naturellement ses plus énergiques défenseurs. Tout le premier, j'applaudis le colonel Rouby de sa brochure sur la
Cartographie au Dépôt de la guerre (²), le commandant Blanchot, pour sa conférence sur la carte d'état-major, faite l'an
dernier à la Société de géographie de Toulouse, le capitaine adjudant-major Dennery, pour sa conférence récente
à Bar-le-Duc sur l'enseignement de la topographie. Ce
sont là non seulement des hommes compétents, mais con-
vaincus, enthousiastes et dont le sentiment est d'autant
plus légitime qu'ils ont, dans ces dernières années et pour
leur bonne part, contribué à redresser les défectuosités, à
combler les lacunes que la carte présentait.

Il y a aussi une cause d'erreur, que j'appellerai l'erreur
de transcription et à laquelle on est très exposé si, comme
il m'a été dit et sans autre certitude d'ailleurs, les épreuves
de la carte ne sont pas revues et corrigées par les officiers
mêmes qui l'ont relevée sur le terrain. Cela paraît d'autant
plus problable que, pendant le temps de la gravure, les

(¹) On a pu aussi constater des différences partielles, en particulier dans les reliefs
de montagnes, mais sans affecter la production d'ensemble.

(²) Paris, 1876, chez Baudoin et Cⁱᵉ, libraires militaires, rue et passage Dauphine,
prix : 1 franc. Nous voudrions voir cette brochure entre toutes les mains, car le meilleur plaidoyer en faveur de la carte de l'état-major, c'est assurément l'exposé sin-
cère, complet, des conditions et des phases successives de son établissement et de
son exécution.

années s'écoulent, les officiers changent, quelques-uns
meurent et ceux qui restent ne sont plus sur le terrain
même qu'ils ont levé et où peut-être il leur faudrait aller
en cas de doute entre la minute du 1/40 000ᵉ et l'épreuve
au 1/80 000ᵉ.

D'autre part, le tirage, complètement en noir, donne lieu,
entre des chemins et des ruisseaux, à une confusion re-
grettable. M. Rouby l'avoue lui-même, et il répond, non
sans quelque fierté, qu'avec la grande habitude et l'ap-
prentissage obligé d'une carte savante, on tranche facilement la difficulté. Je ne vise pas, pour ma part, à la trans-
cendance ; mais je crois savoir lire la carte d'état-major et
je trouverais bien quelques coins où un chemin qui suit
un thalweg sans eau peut être très bien pris pour un ruisseau, et bon nombre d'autres dans la plaine, sans qu'aucune autre indication puisse guider le lecteur, où un ruisseau peut être parfaitement confondu avec un chemin
perdu. Mais cela n'est plus, en tous cas, un défaut dans le
sens de ceux que le public a prétendu critiquer ; c'est une
question de procédé à discuter si l'on veut, — les raisons
pour et contre ne manquent pas, — et qui n'implique aucune idée de blâme chez les hommes sérieux, abstraction
faite des réserves concernant le mode de correction.

V.

LA LUMIÈRE ZÉNITHALE ET LA LUMIÈRE OBLIQUE
DANS L'ÉCLAIRAGE DES CARTES.

On ne peut envisager la carte de l'état-major au point
de vue procédé et exécution, sans soulever cette grosse
question de l'éclairage zénithal et de l'éclairage oblique
pour les cartes purement topographiques, les défenseurs
du premier système accordant volontiers que le second est
préférable dans les cartes géographiques. Écartons tout de
suite la question exécution, au sujet de laquelle M. Alfred

Grandidier (¹) a si victorieusement répondu : « Cette
« grande et belle œuvre qui, à certains égards, peut être
« discutée, mais qui, malgré les nombreuses critiques si
« souvent faites à la légère dont elle a été l'objet, doit
« avant tout être louée pour ses mérites incontestables, est
« l'unique source de la cartographie française. Il ne faut
« pas oublier que quand on en décida l'exécution, en 1817,
« et que l'on arrêta les règles générales relatives à l'é-
« chelle, aux écritures, au *figuré du terrain*, on n'avait pas
« pour se guider l'expérience des nombreux travaux exé-
« cutés depuis. La France est le seul grand État de l'Eu-
« rope qui aujourd'hui ait terminé sa carte topogra-
« phique..... » Et nous pourrions de même écarter toute
discussion sur le choix de l'éclairage, — que les lignes
précédentes excusent ou expliquent en le mettant sur le
compte de l'inexpérience due à l'époque où il a été fait,
— si précisément les collaborateurs actuels de la carte ne
le préconisaient entre tous et ne le présentaient comme
l'*ultima ratio* des procédés cartographiques.

Il ne faut cependant pas sortir du ministère de la guerre
pour trouver une réponse à cette thèse, et je trouve dans
les *Notices sur les objets exposés par le Dépôt des fortifications*, en 1878 : « L'hypothèse dite de la lumière zénithale,
« pour l'expression des formes du terrain, est simple et
« suffisante pour les pays de collines ; mais elle est impuis-
« sante pour rendre les crêtes aiguës des hautes monta-
« gnes.... Le Dépôt de la guerre, lui-même, malgré sa
« fidélité absolue au principe de la lumière zénithale, ne
« laisse pas que d'employer la lumière oblique pour l'ex-
« pression de toutes les crêtes rocheuses, qui, sans cela,
« seraient inintelligibles . » Cela tranche quelque peu avec
cette affirmation catégorique du commandant Blanchot,

(¹) Rapports du jury international : cartes et appareils de géographie et de cosmo-
graphie (1878), par Alfred Grandidier.

qui s'exprime ainsi au sujet de la lumière oblique [1] :
« ..... Mais ce qui suffit à condamner la logique de ce
« procédé, c'est qu'une carte n'a pas seulement pour but
« de montrer un terrain sur un point de vue déterminé,
« mais qu'elle doit le faire voir en entier et sous tous ses
« aspects. Pour que le système de la lumière oblique fût
« à peu près parfait, il faudrait qu'une carte du même ter-
« rain fût faite séparément avec quatre éclairages obliques
« rectangulaires entre eux ; et encore les parties intermé-
« diaires aux quatre points de vue seraient-elles enta-
« chées d'imperfection. Je n'insisterai pas plus longtemps
« *sur ces théories qui sont en opposition avec les règles mathé-*
« *matiques et ne peuvent donner que des résultats incomplets*
« *et imparfaits.* Elles attirent par leur aspect pittoresque,
« artistique, si l'on veut, *mais ne peuvent séduire que des yeux*
« *peu expérimentés* qui ne voient guère que l'ensemble
« d'une carte et ne pourraient du reste trouver dans les
« *surfaces laissées blanches* les indications de détail qu'on
« doit rechercher dans un document topographique sé-
« rieux .» Voilà ce qui s'appelle ne pas mâcher les choses
et l'on se plaît à admirer cet esprit de décision énergique
dans un soldat ; mais je trouve encore dans les *Notices* précitées du Dépôt des fortifications, à propos de la carte de
Suisse du général Dufour : « ..... Dans cette magnifique
« carte, les pentes qui ont la même orientation sont mo-
« delées comme dans l'hypothèse dite de la lumière zéni-
« thale, par des teintes d'autant plus foncées que ces pentes
« sont plus raides. *Mais la gamme de tons employés varie*
« *d'intensité avec l'orientation des pentes :* *faible* pour les pentes
« exposées au *nord-ouest,* elle est *plus forte* pour celles qui
« regardent le *sud-ouest* et le *nord-est* et *plus forte* en-
« core pour celles qui descendent vers le *sud-est* [2]. Une

---

[1] Conférence faite à la Société de géographie de Toulouse, le 15 juin 1882.

[2] Ici, dans l'ouvrage cité, un renvoi donne quelques explications sur les règles de l'ombré au lavis, très applicables au dessin de trait d'ailleurs, mais que je ne puis reproduire sans m'écarter de mon sujet.

« conséquence de ces conventions, c'est que les surfaces
« horizontales doivent rester blanches .» Eh ! mais, est-ce
que déjà, à propos de ces plaines ou plateaux restés blancs,
ce n'est pas la même chose pour la lumière zénithale ?
Est-ce que, dans la carte de l'état-major, les pays plats ne
sont pas absolument blancs ? Est-ce que, par la lumière
oblique, un plateau ou une plaine ondulée resteront plus
blancs que par la lumière zénithale ? Dans sa conférence à
Bar-le-Duc, le capitaine Dennery, comme le commandant
Blanchot à Toulouse, a pris soin de dire que les erreurs
d'interprétation proviennent d'un défaut d'habitude et
d'un manque d'observation. En toute justice, la réponse
peut être faite textuellement au sujet des surfaces blanches
laissées par la lumière oblique, et encore tomberait-elle
d'elle-même, cette objection, pour les cartes où, logiquement, l'emploi de ce mode d'éclairage a impliqué des
teintes graduées de ton suivant l'élévation des pays plats.

Et, de plus, n'a-t-on pas signalé des transactions for-
cées avec cette rigidité de principe ? En dehors même des
crêtes où l'on a dû appliquer la lumière oblique, est-on
bien sûr de n'y avoir pas encore sacrifié ailleurs ? Que l'on
regarde, par exemple, la feuille 169 *bis* (Albertville): sur
la rive droite du ruisseau de la Grande-Maison, il est un
point à la cote 2,000 et, sur la rive gauche, un autre à la
cote 2,174, sensiblement à la même distance du même
point du thalweg : on verra que ce dernier versant, — qui
se trouve, à très peu de chose près, dans la même inclinaison, — est ombré dans une tonalité doublement plus foncée
que l'autre; de sorte qu'on peut les croire éclairés tous deux
en lumière oblique, mais cette fois à l'inverse et venant
du sud-est. Cela repose-t-il sur une erreur de cote ?

D'autre part, est-ce que le filet d'ombre, dit *trait de force*
en dessin, que l'on place sur le bord occidental ou septen-
trional des rivières et des lacs, n'est pas absolument em-
prunté à la lumière oblique ?

Croit-on, dans l'ordre d'idées inverse, que les gorges du Tarn perdraient à être éclairées obliquement? — que le plateau central, les versants septentrionaux des Pyrénées ne seraient pas aussi exacts d'expression et plus nets de relief par ce mode d'éclairage ? — Et n'éviterait-on pas les bizarres effets des feuilles 253 et 254 et cette singulière dissemblance entre la tonalité des feuilles 228, 229, 240 et 241, — où se trouvent des altitudes de 1,800 mètres et plus et des plateaux de 1,000 à 1,300 mètres, — et celle de la feuille 195 (Figeac) et 187 (Valence) avec des altitudes de 700 à 1,000 mètres? ou, mieux encore, celle de la feuille 218 (Montauban) avec des cotes de 200 à 300 mètres ?

De ces feuilles, la plus foncée n'est pas celle que l'on pense, et l'on est en droit de tirer de cet examen la conclusion suivante : dans la carte de l'état-major, la tonalité générale n'est pas du tout en raison de l'altitude, ni même, en plus d'un cas, de la nature des mouvements du terrain; mais en proportion directe de leur nombre. Je suis loin de contester que les grands reliefs des Alpes et des Pyrénées ne soient plus vigoureusement accentués que les autres, ils le sont trop même, car tout y est noir, et l'on m'accordera que la lumière oblique, appliquée comme l'a fait le général Dufour (¹), y apporterait une clarté dont tout lecteur, savant ou habitué, ou n'étant ni l'un ni l'autre, ferait son

___

(¹) La brochure du *Dépôt des fortifications* dit, à l'égard de cette carte et à la suite de l'exposé de ses qualités et des bonnes conditions de son établissement : « Les conventions dont il vient d'être question n'ont été appliquées qu'*au sentiment* dans la carte gravée au [...]. » C'est possible et j'y contredirai d'autant moins que je n'ai pas à défendre la carte en question ni à faire un rapport à son sujet; ce serait chose à étudier de plus près. Mais j'ai sous les yeux la feuille XXII (Martigny-Aoste) et je certifie qu'il n'y a là aucune idée fausse, aucune illusion, aucune erreur possible sur la netteté et la précision du relief, en quelque point que ce soit, éclairé ou dans l'ombre, de ce magnifique spécimen. A mon avis, — et pour ma part je m'en chargerais, — il ne serait pas plus difficile, étant donné à représenter une coupe quelconque à travers le territoire qu'embrasse ladite feuille, d'en dessiner le profil d'après cette carte, que d'après la carte de l'état-major français. Je dis que cela ne serait pas plus difficile, quant au degré de précision à donner à ce profil, car, à l'égard de la facilité de lecture, la carte suisse est incomparablement plus claire que la nôtre dans les régions alpines.

profit, sans que l'exactitude du document en souffrît. Jamais, en lumière oblique, le versant resté dans l'ombre ne serait plus noir que ne le sont ceux des Alpes et des Pyrénées dans la carte de l'état-major ; mais l'autre versant, plus éclairé, dispenserait le lecteur de chercher, à la loupe, le nom de rivière qui se perd dans le noir des gorges aux flancs abrupts.

D'une part, on déclare que, dans les montagnes, on trouve, facilement (?) — par la ligne d'intersection des hachures, qui rappelle la courbe de niveau de la minute, — la relation des altitudes similaires, tout en reconnaissant d'autre part que, dans les cas embarrassants, — et il s'en trouve plus dans les montagnes que dans les vallées et les plateaux, — on doit recourir aux cotes les plus proches. Eh bien, qui donc empêche d'en faire autant dans la carte éclairée obliquement, en admettant qu'elle présente — ce qui est loin d'être prouvé — des difficultés de lecture de ce genre ?

Je n'insiste pas davantage sur ce point et je me hâte de dire que la question de l'emploi de la hachure, dans la carte topographique, ne saurait être confondue avec l'argumentation que je viens de faire au sujet du mode d'éclairage. J'ajouterai que la hachure est la meilleure, la plus rationnelle indication de la direction et des mille ondulations de pentes. Mais le problème ne me paraît nulle part mieux résolu en faveur de la lumière oblique que dans cette véritable merveille de gravure qui s'appelle la carte de Suisse de l'atlas si tardif de Vivien de Saint-Martin. Elle est, à la vérité, à une échelle environ huit fois plus petite ($1/_{673\,565}$ [1]) ; mais grossissez-la, à la loupe, du quadruple ou du quintuple, vous verrez que, à cette échelle nouvelle de $1/_{150\,000}$, ses qualités subsistent tout entières.

Je ne dis pas, bien loin de là, que par la lumière obli-

---

[1] On cherche en vain le pourquoi d'une fraction si complexe pour l'échelle

que la facture de la carte soit plus facile que par la lumière
zénithale, quand même on pourrait prouver que la première
abrégerait le travail de gravure ; la question n'est pas de
savoir si elle est plus ou moins facile à exécuter, mais si,
avec des avantages égaux de précision, on la rendrait d'un
usage moins ingrat et moins exclusivement technique.

Si ces réflexions me semblaient utiles et si j'ai dû entrer
dans ces développements critiques touchant le système,
l'œuvre subsiste avec une telle quantité de qualités diverses, que la somme d'éloges dont elle est digne n'en est pas
sensiblement amoindrie. Assemblée, comme elle l'était à
l'Exposition universelle de 1878, on a pu dire, avec raison,
que, dans cet ensemble magistral, tous les détails dispa-
raissaient, faisant place à un effet réellement satisfaisant.
Mais on n'en saurait inférer que, faite en lumière oblique,
la carte n'eût pas gagné encore au coup d'œil d'ensemble.
Il n'y a pas lieu non plus de s'étonner outre mesure de ce
que cet effet se soit produit dans des conditions relativement bonnes, car, si déjà la carte profitait de ce qu'elle se
trouvait là hors de pair, on reconnaîtra volontiers que c'est
le propre des œuvres fortement conçues, exécutées dans
un ordre d'idées rigoureusement suivi, malgré quelques
défaillances de détail, de revêtir ce caractère d'harmo-
nieuse homogénéité dans les traits généraux qu'on ne saurait, à aucun degré, contester à l'œuvre capitale et vraiment hors ligne de l'état-major français. Et quoi qu'on en
ait dit, à part l'exception que nous avons eu l'occasion de
signaler, elle est encore de beaucoup au-dessus de celles
des grands États de l'Europe centrale.

VI.

LES DÉRIVÉS DE LA CARTE DE FRANCE ET LES AUTRES PUBLICATIONS DU MINISTÈRE DE LA GUERRE.

Au ministère de la guerre semblent dominer deux courants distincts produisant deux catégories différentes de

travaux cartographiques. D'une part, ce sont les publications de l'état-major dites du Dépôt de la guerre, de l'autre, celles du génie, dites du Dépôt des fortifications. Quelle est la cause encore de cette divergence de direction au sein d'un même ministère ? Car elle existe presque à l'état de concurrence et l'on a pu s'en convaincre dans la citation contradictoire faite tout à l'heure au sujet du choix de l'éclairage des cartes et extraite des notices sur les travaux du Dépôt des fortifications. Devons-nous y voir une fois de plus un des effets de l'esprit de corps, entre des bureaux composés d'officiers de différentes armes ? Il n'importe ; mais je suis ici, cette fois encore, l'interprète de l'opinion publique, en regrettant cette séparation d'origine et ces courants différents dans un même ministère, alors qu'il y avait déjà lieu de s'en plaindre entre les ministères d'un même gouvernement.

Mais passons.

Afin de répondre aux besoins du service et aussi, certainement, à ceux du public français, sans excès de dépense, le Dépôt de la guerre a fait, en report sur pierre, une reproduction à bas prix (1 fr. la feuille) de la carte de l'état-major, encore ce prix subit-il de notables réductions pour les officiers, ou quelques corps et associations privilégiées. Nous souhaitons — et c'est là un vœu émis par le congrès de Douai sur ma proposition — que ce privilège s'étende à tous les membres des sociétés de géographie de France et qu'il embrasse toutes les publications cartographiques, tant du ministère de la guerre que des autres (1).

Pour des besoins moins techniques et n'exigeant pas de détails si complets, une autre publication, extraite de la grande carte de l'état-major, est faite par le Dépôt de la

______

(1) M. le Ministre de la guerre a mieux fait encore et, à partir du 1er janvier 1881, la réduction est étendue à tout le monde. Nous l'en félicitons chaleureusement.

guerre. Réduction à l'échelle de $\frac{1}{320\,000}$, c'est-à-dire quatre fois plus petite que la carte originelle, celle-ci comprend seulement 33 feuilles (chacune en résumant 16 du $\frac{1}{80\,000}$), compris la Corse, au lieu de 274 de l'autre. 31 feuilles seulement sont parues.

Enfin, une réduction plus considérable encore de la carte de l'état-major, toujours en noir, à l'échelle de $\frac{1}{600\,000}$, a été faite par le Dépôt de la guerre (¹). Celle-ci ne compte plus que 6 feuilles dont quelques-unes sont subdivisées en 9 fragments. Deux feuilles seulement sont publiées ; le nᵒ II, Paris (donnant la région Nord-Est), et le nᵒ IV, Lyon (donnant la région Est). Chaque feuille coûte 1 fr. 50 c., et la carte entière, 6 fr. seulement.

Telles sont les cartes dérivées directement de la grande carte de l'état-major et tirées, comme elle, en une seule teinte noire.

Mais la carte elle-même a subi une transformation partielle. Sans supprimer les feuilles si obscures des parties montagneuses des Alpes et des Pyrénées, et comprenant très bien qu'il y avait là une difficulté pratique à résoudre, le Dépôt de la guerre fait publier, à la même échelle du $\frac{1}{80\,000}$, une série de cartes par courbes de niveau, en couleurs, de ces deux régions. Ce procédé donne la raison rationnelle de la lumière zénithale, et la variété des couleurs (les eaux sont en bleu, les courbes en bistre, le texte en noir) évite un inconvénient que signalait le commandant Blanchot dans sa conférence précitée : la confusion des chemins avec les courbes. Si avantageuse ici pour la clarté et la précision, la courbe manque le but dans les pays à pentes allongées, et ne rend pas apparents les mouvements des surfaces légèrement ondulées. J'ajouterai que, dans cette carte, un grisé bleu verdâtre indique les parties forestières et les feuilles sont quatre fois plus petites que

---

(¹) Le commandant Niox a également fait une édition au $\frac{1}{320\,000}$, en trois tirages diversement complets.

celles de la carte en noir. Au prix de 1 fr. 50 c., elles sont très abordables et très pratiques.

Deux nouvelles publications du Dépôt de la guerre sont en préparation ; des feuilles même sont tirées, mais leur mise en vente est momentanément ajournée. La première est la carte de France au $^1/_{50\,000}$ ([1]), en couleurs avec courbes de niveau relevées à l'estompe, dont 23 feuilles sont prêtes ; l'autre, une carte de France également, au $^1/_{200\,000}$, même facture que la précédente, dont 3 feuilles sont terminées.

On se demande bien ici le pourquoi de cette nouvelle carte quand, comme on le verra à propos du ministère des travaux publics, il existe déjà à la même échelle du $^1/_{200\,000}$ une carte, également en couleurs, par courbes de niveau, et publiée par ce dernier ministère. A la vérité, celle du Dépôt de la guerre aura l'ombre à l'estompe en plus ; mais n'était-il pas aussi simple, si le besoin s'en faisait sentir, que les deux administrations s'entendissent pour la rétrocession, le prêt ou le report des clichés primitifs ? On comprend que la présentation de cette carte ait motivé une très vive discussion au dernier congrès de l'Association pour l'avancement des sciences. Sans doute des observations parvenues au ministère de la guerre, ou le sentiment de cette bizarre concurrence, auront décidé la suspension de la publication des feuilles déjà tirées ; car, annoncée d'abord dans le catalogue de la librairie militaire, une fiche rouge a, depuis lors, prévenu le public de ladite suspension. Quoi qu'il en soit, un tel état de choses est bien difficile à expliquer et il doit causer, dans nos budgets, des trouées de nature à en ébranler l'équilibre.

J'en aurai à peu près fini avec les grandes publications du Dépôt de la guerre ([2]) quand j'aurai cité les plans des

[1] Cinq feuilles de cette carte figuraient à l'exposition de Douai. Elles ne sont pas très délicates d'exécution, mais elles sont très lisibles.

[2] Je veux dire les cartes de France seulement, car le catalogue comprend encore une grande quantité de cartes spéciales. Je citerai particulièrement, pour l'Afrique,

environs de 50 grandes villes de France au $\frac{1}{20\,000}$, avec courbes équidistantes de 5 mètres en 5 mètres, les uns avec courbes en rouge et le reste en noir, les autres, comme celui d'Amiens qui était à l'exposition de Douai, en plusieurs couleurs pour les courbes, la planimétrie et le texte. Ces cartes peuvent rendre aussi de très grands services.

Je ne puis passer sous silence la belle réduction au $\frac{1}{800\,000}$ faite par le Dépôt de la guerre, par courbes de niveau de 100 mètres en 100 mètres, en trois couleurs et connue sous le titre de carte du nivellement général de la France. Celle-là est faite pour les spécialistes et les cartographes qui peuvent y puiser des données et des tracés de toute nature concernant le relief et la planimétrie.

Voyons maintenant les travaux du génie publiés par le Dépôt des fortifications.

On a rajeuni (?) et publié à nouveau en 1881 la carte en noir au $\frac{1}{800\,000}$, dite du génie, sans pour cela suppléer aux incorrections et à l'insuffisance du relief. Notez qu'elle coûte tout aussi cher que la carte du nivellement général de la France et fait double emploi avec le $\frac{1}{800\,000}$ du Dépôt de la guerre. On comprend d'autant moins qu'on ait réédité cette carte défectueuse, que le Dépôt des fortifications a publié récemment un chef-d'œuvre du genre au $\frac{1}{500\,000}$, sous la direction du commandant Prudent. Cette nouvelle carte est faite en quatre couleurs et en trois types : 1° sim-

---

la carte générale au $\frac{1}{2\,000\,000}$ par M. Lannoy de Bissy, qui comprendra environ 60 feuilles dont 14 ont paru sans le relief du sol et une avec la montagne : elles suivent le littoral de Monrovia à Pietermaritzbourg ; — les cartes de l'Algérie : 1° au $\frac{1}{800\,000}$ sous presse ; 2° au $\frac{1}{400\,000}$ 1874, 2 feuilles ; 3° au $\frac{1}{50\,000}$ 1867 à 1877, 6 feuilles ; 4° au $\frac{1}{800\,000}$ 1882, en 3 couleurs et 4 feuilles : carte très commode pour l'usage ordinaire ; — la carte de l'Égypte au $\frac{1}{400\,000}$ par Linant de Bellefonds, en 3 feuilles ; — les Reconnaissances en Khroumirie, au $\frac{1}{100\,000}$ en 2 feuilles (Tabarca et Fernana) ; — et une quantité de cartes détachées sur quelques régions de l'Afrique, de l'Asie et de l'Amérique, mais plus ou moins vieillies. A côté de ces diverses publications, le ministère de la guerre a fait dresser les cartes des diverses expéditions militaires pacifiques dont quelques-unes ont figuré à l'exposition de Douai : Itinéraire de Khayes à Bakel par la mission topographique de 1881-1882 au $\frac{1}{100\,000}$; Mission Galliéni au $\frac{1}{2\,000\,000}$ et carte spéciale d'une partie de cette expédition au $\frac{1}{100\,000}$ par le capitaine Vallière. Ajoutons-y un Itinéraire de Tunis à Bizerte également au $\frac{1}{100\,000}$ en 4 feuilles, et un plan de Nouméa au $\frac{1}{5\,000}$.

plement orohydrographique ; 2° simplement planimétrique,
et 3° complet. Cette idée est assez heureuse, bien qu'elle
oblige à multiplier les acquisitions ; car elle facilite beaucoup l'étude minutieuse que le type complet, un peu trop
chargé, rend ardue et fatigante. Elle n'en est pas moins
fort belle et fort utile, aux spécialistes surtout. Les forêts
y sont figurées par une teinte plate très tendre et couvrant
peu l'orographie.

Comme dérivé de cette carte, le commandant Prudent a
fait exécuter une carte hypsométrique par teintes plates
graduées de 100 mètres en 100 mètres et mises à la main.
Cette dernière a servi de type à une magnifique petite
carte du même genre au $^1/_{1\,250\,000}$ publiée par la maison
Hachette. On ne saurait trop recommander cette dernière
à ceux qui veulent bien se rendre compte de l'ensemble
du relief de notre sol.

VII.

MINISTÈRE DE L'INTÉRIEUR : CARTE DE FRANCE.

Deux sortes de travaux distincts émanent, ai-je dit, du
ministère de l'intérieur : travaux de cartographie pure représentés par la carte de France au $^1/_{100\,000}$ et ses dérivés ;
travaux de statistique graphique représentés par deux atlas.

Les résultats auxquels on est arrivé dans le repérage
des cartes multicolores et la clarté que la variété des couleurs apporte dans leur lecture, expliquent, en les justi-
fiant à l'avance, les entreprises de publications conçues
dans ce sens.

L'idée de résumer, de condenser en les unifiant, les
publications cartographiques départementales dues à l'initiative des conseils généraux, — publications diverses d'o-
rigine, de plan et de valeur, hétérogènes et disparates, —
est le point de départ de la création de la carte de France
du ministère de l'intérieur et on ne le saurait trop féliciter,
— sous la réserve pourtant des observations préliminaires

que j'ai faites sur les antagonismes des ministères dans leurs publications cartographiques, — de l'avoir entreprise et confiée à une direction intelligente et large de vues. L'échelle choisie au $^1/_{100\,000}$ est l'une des plus rationnelles que l'on puisse prendre ; elle permet aux hommes les moins familiarisés avec la lecture des cartes et les calculs des distances, de s'en rendre facilement compte dans leurs recherches : le centimètre correspondant au kilomètre est la notion la plus simple que l'on puisse imaginer.

Je ne reviendrai pas sur ce que j'ai dit dans mon rapport de 1881, — quoiqu'il ait pu passer à peu près inaperçu, — sur les données générales de cette carte, ni sur le mode de projection polyédrique qui lui sert de canevas et je renvoie les lecteurs à la petite notice publiée à cette époque par le ministère de l'intérieur (¹).

Elle se termine, cette notice, par des réflexions que je ne puis passer sous silence : « Quelque profondément fouil-« lée que soit, par un personnel intelligent et dévoué, une « œuvre aussi considérable que celle-ci, on ne peut avoir « la prétention de la livrer, de premier jet, absolument « pure ; on nous signalera sans doute des imperfections.

« Nous avons en main, comme on vient de le voir, le « moyen de combler sur-le-champ les lacunes qui pour-« raient exister. Les remarques, *les critiques même, seront* « *donc les bienvenues*, en nous offrant l'occasion d'assurer, « à bref délai, la perfection d'une œuvre utile à tous .»

Les intentions que manifeste un tel langage sont vraiment si en dehors des raideurs, de la suffisance, de la susceptibilité (²) que l'on rencontre en plus d'une des sphères administratives, que cette déclaration ne peut qu'être applaudie par le public et qu'assurer à l'œuvre entreprise toute sa confiance et sa sympathie.

(¹ Paris, Imprimerie nationale. 1881.

(² Ces mots ne visent aucune personnalité. En thèse générale, les administrations reçoivent fort mal les observations et les critiques.

Mais on ne s'est pas contenté de manifester cette inten-
tion : on l'a mise en pratique, et avant même l'impression
de la brochure en question, c'était déjà chose faite.

En effet, une première fois on reconnut, tant pour les
facilités du service que pour celles du public, qu'il con-
viendrait d'ajouter à la planimétrie si complète de la carte,
le *figuré du terrain*. Je souligne ces mots, car ils précisent
bien ce que l'on a entendu faire sans aller au delà. Pré-
tendre, dans un ombré à la mine de plomb (¹) si fini, si
fouillé qu'il soit, reproduire les ondulations les plus inti-
mes du terrain comme on peut y arriver avec la hachure,
c'était risquer une déception. A la vérité, on ne saurait ap-
procher plus près de la rigueur mathématique dont ce
mode d'ombré est susceptible que ne l'ont fait, sans le
secours des courbes de niveau, les auteurs de la carte.

Je m'étais étonné de la nuance vineuse choisie pour le
relief; mais un examen plus attentif m'a fait reconnaître
qu'elle se prêtait, beaucoup mieux que les bistres générale-
ment employés, à laisser à la teinte verte qui représente
les forêts toute sa transparence et toute sa netteté.

Pas plus qu'en 1881, les cartes afférentes aux grandes
régions montagneuses n'étant faites, il n'est pas possible
de juger ce que sera l'effet du relief au crayon, dans ces
parties où la plupart des cartes sont si obscures : je m'en
tiens à l'expression de ma confiance dans la direction de
ce travail telle que je l'ai dite en 1881 (²). Toujours est-il
que ce *figuré du terrain*, suffisant pour les besoins pratiques, a pour avantage de ne couvrir, de n'absorber aucun
des menus détails dont la carte est remplie (³). Il n'a été
introduit, ai-je dit, qu'après coup, et déjà la publication
et la mise en œuvre étaient à ce point avancées que, sur
137 feuilles parues, — la carte totale en comprend 587,

(¹) C'est du moins la nuance choisie pour le tirage de la pierre portant l'ombré au
crayon lithographique.

(²) *Bulletin de la Société de géographie de l'Est.* 1er trimestre 1882.

(³) Il est éclairé d'ailleurs par la lumière oblique.

— 95 n'ont que la planimétrie, fort complète d'ailleurs, et comportent les cotes d'altitude imprimées en bleu (¹).

Ce n'est pas tout. Bon nombre de ces feuilles avaient déjà paru, imprimées sur fort papier blanc, excellent pour la lithographie, lustré et digne d'une collection d'album, lorsqu'on reçut l'observation des agents mêmes du service vicinal, que ce papier ne supportait pas suffisamment le plissement ni l'usage fréquent et, qu'en peu de temps, on devait remplacer la feuille. C'était une perte sèche et très inutile. La direction s'occupa d'y porter remède et, depuis lors, c'est sur un excellent papier du Japon, un peu jaunâtre, peut-être moins séduisant, mais aussi moins fatigant pour les yeux, que le tirage s'est fait. 17 feuilles avec le figuré du terrain et 7 avec la planimétrie seule, sur les quantités parues, sont sur papier japonais.

Donc la porte est toujours ouverte aux améliorations. Assurément, et cela est fâcheux, très fâcheux, l'unité de la première publication y perd beaucoup; mais c'est là le cas de toutes les œuvres perfectibles et l'écoulement rapide des premiers exemplaires permettra, à courte échéance, de rétablir la régularité de la facture dans l'ensemble de la publication.

Mais je ne saurais trop insister sur les avantages qu'offre cette carte par sa tenue à jour constante. Dès qu'une feuille est publiée, tous les agents des cantons qu'elle concerne en reçoivent deux exemplaires, l'un devant être toujours porté par eux dans leurs tournées quotidiennes, l'autre devant servir au report des corrections. Les tirages étant très limités, on renouvelle souvent les éditions et, à chacune d'elles, toutes les rectifications sont centralisées et reportées en quelques jours.

Je ne puis entrer dans le détail de la légende de cette carte où tout signe conventionnel, tout tracé, est bien dis-

---

(¹) Cette lacune sera vite comblée par suite des rééditions successives et, à courte échéance, la carte sera absolument homogène.

tinct du voisin, soit par la nature, soit par la couleur du dessin. Comme bien on pense, c'est la vicinalité et, en général, les voies de communication (routes, chemins et sentiers, chemins de fer et canaux) qui ont les signes caractéristiques les plus nombreux et les honneurs de la carte. Cependant certains renseignements généraux d'ordre économique y sont consignés avec soin et la population de chaque commune est indiquée par des chiffres rouges.

En résumé, c'est une œuvre qui me paraît bien comprise et qui répond bien à l'objet auquel elle est destinée. Je ne sais si elle rencontrera des détracteurs, mais ils seront à moitié désarmés quand ils sauront qu'une critique juste sera toujours écoutée par ceux qui ont qualité pour en tenir compte.

A l'exemple du Dépôt de la guerre, le ministère de l'intérieur a entrepris de faire le possible pour la vulgarisation de son œuvre et il semble qu'il s'est attaché plus particulièrement à satisfaire l'une des exigences la plus impérieuse de notre enseignement national.

Il n'a pas prétendu faire de la carte murale, non; le texte et la planimétrie, le plan général de l'œuvre ne sauraient s'y prêter. Mais il est en voie de créer deux séries de cartes extraites de l'original. L'une se compose de feuilles groupées par régions, — à Douai se trouvait celle qui embrasse les 6 feuilles de la Marne, de l'Ornain, de la Meuse et de l'Argonne méridionale; — l'autre, d'extraits des feuilles primitives, se limitant exclusivement à un canton. Faites en deux types différents, l'un seulement orohydrographique, l'autre complet, ces cartes nouvelles doivent être appelées à rendre de grands services à l'instruction en localisant pour ainsi dire les premiers éléments de l'enseignement primaire géographique. Assurément l'harmonie heureuse des nuances, la netteté et la clarté du relief au crayon, l'effet artistique de ces cartes, séduisent l'œil de l'enfant, facilitent la tâche du maître et impri-

ment sans effort dans la mémoire les traits caractérisques
de la plastique du sol. Ou je me trompe fort, ou ces dérivés intelligents de la carte au 1/100 000ᵉ auront un succès égal à celui avec lequel est accueillie l'œuvre capitale. Celle-ci a d'ailleurs eu pour base primitive la carte
de l'état-major; mais revue, corrigée, mise à jour en un
mot, après avoir subi une transformation ramenant la
projection dite de Bonne, qui est celle de la carte de
l'état-major, à la projection polycentrique (¹). Par cette
dernière, chaque feuille est, à son centre, tangente à la
sphère et comprend un si faible espace de terrain, eu égard
à la rotondité de la terre, qu'elle pourrait, sans duplicature
ni déchirure, être appliquée sur la partie correspondante
de la sphère de même échelle.

VIII.

MINISTÈRE DE L'INTÉRIEUR : ATLAS DE STATISTIQUE GRAPHIQUE.

Une année seulement sépare la publication des deux
atlas de statistique graphique du ministère de l'intérieur :
l'un est de 1882, l'autre, de cette année. Les travaux y
sont conduits là, comme on le voit, avec célérité. Si tous
deux diffèrent comme objet, tous deux sont conçus dans
le même ordre d'idées. Dans l'un comme dans l'autre, le
document-chiffre accompagne le document-dessin (carte
ou graphique) et tous deux révèlent dans les détails, —
les échelles de gradation, le canevas des cartes, les va-
riétés et le choix des couleurs, — une unité de plan, une
netteté de conception qui en font les plus beaux modèles
du genre que l'on puisse voir. On ne saurait donc s'étonner
du développement tout particulier que je vais consacrer à
leur étude, non seulement au point de vue de leur exécu-

(¹) Mot nouveau employé par la direction de la carte.

tion, mais surtout de leur utilité générale et de leur portée pratique.

Le premier de ces atlas se divise en six chapitres distincts dont les deux premiers, *Dénombrement de la population* et *Émigration française*, ont des rapports directs entre eux, de même que les trois autres, *Hospices et Bureaux de bienfaisance*, *Enfants assistés* et *Aliénés*. Le dernier, intitulé : *Élections*, appartient à un ordre d'idées très différent.

Le *Dénombrement de la population* comprend à la fois une carte et un diagramme. Dans l'une, les départements dont la population a augmenté de 1876 à 1881, sont teintés en couleur bleue dont l'intensité est proportionnée aux quantum de l'augmentation, et, inversement, ceux dans lesquels elle a diminué, sont teintés en couleur brune nuancée dans les mêmes conditions. Ceux qui n'ont pas varié de plus ou de moins de 1,000 habitants, sont couverts d'un quadrillé participant des deux nuances. Dans l'autre, la distinction des teintes subsiste, suivant qu'il sagisse du plus ou du moins que la moyenne, chaque teinte étant uniforme ; la proportion de l'un et de l'autre est indiquée par des colonnes verticales contiguës, au-dessus ou au-dessous du niveau correspondant à la moyenne, suivant une échelle régulière graduée et allant de 1 à 17 p. 100 au-dessus et de 1 à 5 p. 100 au-dessous. Les noms des départements sont placés au bas de chaque colonne.

Cette règle est suivie partout où il y a simultanément une carte et un diagramme. Si l'on regarde la carte on voit que, seuls, les départements de la Seine et du Nord ont atteint une augmentation qui se chiffre, pour l'un, par 390,000 habitants, pour l'autre, par 84,000. Le Pas-de-Calais, le Rhône, l'Aude, les Bouches-du-Rhône, les Alpes-Maritimes varient de 23,000 à 37,000 habitants d'augmentation. Le maximum de diminution, variant de 11,000 à 16,000, est atteint par les départements de la Manche, de l'Orne et de Vaucluse ; puis, de 7,000 à

10,000, par le Calvados, l'Eure, la Mayenne, la Sarthe, la Haute-Saône, l'Ardèche, la Drôme, le Gard et le Var. Les départements à peu près stationnaires sont : les Vosges, l'Aube, la Nièvre, la Creuse, la Charente-Inférieure, la Haute-Savoie, l'Isère, le Tarn et la Haute-Garonne. Autour de ceux-ci sont disposés par groupes, 39 départements répartis dans les bassins de la Moselle, de la Seine, de la Loire-Inférieure, de la Saône, de la Dordogne, et dans les régions des Pyrénées-Orientales et Occidentales, les Hautes-Alpes et la Corse, le tout en voie ascendante de 1,000 à 16,000; — et 18, principalement dans les régions de la Somme, du Jura et de l'Adour, en voie descendante de 1,000 à 6,000.

Mais autre chose sont les résultats de l'examen du diagramme du tant pour cent, et si nous voyons le département de la Seine encore tenir la tête avec 16,20 p. 100, ce sont les Alpes-Maritimes qui viennent après avec 11,40 p. 100; le Nord n'est plus qu'au 7e rang avec 5,60 p. 100. Meurthe-et-Moselle tient le 13e avec 3,60 p. 100. L'Aube et le Tarn sont exclusivement dans la zone d'immobilité, et Vaucluse est au maximum de diminution proportionnelle, avec 4,60 p. 100, bien qu'il ait moins perdu d'habitants que l'Orne et la Manche.

Comme ces deux catégories de données pourraient ne pas satisfaire encore les plus exigeants, le diagramme contient une contre-partie afférente au mouvement des grandes villes (¹) par rapport au chiffre de la population des départements où elles se trouvent. Là les faits les plus singuliers se produisent et l'on voit Versailles, Brest, Saint-Étienne diminuer quand leurs départements respectifs augmentent, et Grenoble, Saint-Quentin, Clermont, les villes de l'Hérault, Angoulême, Amiens, Le Mans, Nîmes, Caen, augmenter quand les départements correspondants diminuent.

______

(¹) De plus de 30,000 âmes.

A l'appui de toutes ces données, rapidement saisies en un coup d'œil, de ces rapprochements instantanés qui se gravent dans la mémoire, un tableau donne les chiffres exacts en regard des départements placés en colonne verticale par ordre alphabétique. A côté de chaque nom un numéro indique le rang occupé par le département dans la gradation donnée par le diagramme.

Les deux feuilles qui suivent renferment une statistique autrement intéressante ; elles contiennent 8 petites cartes relatives à la quantité d'étrangers résidant en France : 1° Belges, 2° Allemands, 3° Suisses, 4° Italiens, 5° Espagnols et Portugais, 6° Anglais et Américains, 7° nationalités autres, 8° résumé général et tant pour cent sur la totalité ([1]).

Sur 1,000,000 d'étrangers, il y a 430,000 Belges (plus des 2/5), 240,000 Italiens (près de 1/4), 82,000 Allemands, 75,000 Espagnols ou Portugais, 66,000 Suisses et 47,000 Anglais et Américains. C'est naturellement par les frontières limitrophes que se fait l'invasion et, là aussi, se trouve le maximum (sauf la Seine, où il y a une concentration exceptionnelle des étrangers, à part les Espagnols). De là elle se répand peu à peu dans les régions environnantes jusqu'à diverses limites. Ainsi les Belges occupent la zone septentrionale jusques et y compris les départements de l'Eure, de Seine-et-Oise, de Seine-et-Marne, de l'Aube, de la Haute-Marne, de la Meuse et de Meurthe-et-Moselle ; les Italiens s'étendent le long du littoral du golfe de Lion et sur toute la frontière qui va de la Méditerranée à la mer du Nord. On est étonné toutefois d'en rencontrer encore dans la Sarthe, la Vendée et la Gironde ([2]). L'invasion belge, elle, s'arrête du Calvados à la vallée de la Loire et de la Saône. Les Allemands, dont, après la Seine qui

---

[1] On n'a commencé à coter que les départements qui contiennent plus de 500 étrangers ; au-dessous de ce nombre la quantité paraissant normale.

[2] L'affluence des Italiens s'explique par leur emploi dans l'exécution des grands travaux publics.

en 35,954, le département de Meurthe-et-Moselle compte 12,132, occupent la région nord-est, s'avançant à l'ouest jusques et y compris le Calvados, au sud jusqu'au Rhône inclus, avec des pointes isolées dans la Gironde, les Bouches-du-Rhône et les Alpes-Maritimes : dans ce dernier département, ils sont presque aussi nombreux que dans le Doubs et la Meuse. D'autre part, la Somme et le Pas-de-Calais en sont à peu près indemnes.

Dans le Midi, les Espagnols suivent une loi analogue et s'étendent de la Gironde aux Bouches-du-Rhône, laissant en blanc les départements des Landes, de l'Ariège et du Gard, et poussant une pointe dans le Lot.

Les Suisses sont de beaucoup plus inégalement répartis, bien qu'ils ne dépassent pas, si ce n'est dans les Bouches-du-Rhône, une ligne droite partant de l'embouchure de la Seine à celle de l'Argens. La Seine contient, à elle seule, plus du tiers de ce qu'il y en a en France.

Les Anglais et les Américains sont plus bizarrement dispersés encore. C'est toujours la Seine, avec 19,066, puis le Pas-de-Calais, avec 5,793, qui en ont le plus. Après viennent le Nord, la Seine-Inférieure, l'Oise, Seine-et-Oise, la Gironde, les Basses-Pyrénées et les Alpes-Maritimes.

En résumé, la carte générale fait ressortir que la partie la moins mélangée d'éléments hétérogènes est comprise dans la vallée de la Loire, — à l'exception du département de ce nom, — le bassin de la Garonne, du côté de la rive droite de ce fleuve, et tout le littoral, du Havre à Bayonne, sauf le département de la Gironde. On constate, en outre, que la Seine ne compte pas 8 p. 100 d'étrangers divers quand les Alpes-Maritimes en ont près de 20 p. 100, le Nord 17,50 p. 100, les Bouches-du-Rhône 13 p. 100 et les Ardennes près de 11 p. 100. Seuls les départements de Meurthe-et-Moselle, du Var et des Pyrénées-Orientales sont à peu près dans la moyenne de la Seine.

IX.

MINISTÈRE DE L'INTÉRIEUR : SUITE DES ATLAS
DE STATISTIQUE GRAPHIQUE.

Le diagramme n° 2 est spécial à l'Algérie. Sur l'échelle de gradation ascendante sont disposées autant de couleurs qu'il y a de nationalités diverses dans notre grande colonie et, sur une fraction de la hauteur totale, en proportion du quantum que chacune d'elles fournit d'immigrants. Rien n'est plus frappant que ce tableau et je voudrais pouvoir entrer dans le détail des observations instructives et si nombreuses auxquelles il donne lieu. Je vais pourtant en faire ressortir quelques-unes.

Sur 3,310,000 habitants, l'Algérie compte environ 425,000 Européens, soit 14 p. 100 environ, dont un peu plus de moitié (234,000) de Français. Nos nationaux ont suivi, depuis 1866 jusqu'en 1881, une voie ascensionnelle que ne paraissent pas avoir ralenti ni accéléré sensiblement les événements de 1870-1871. C'est à partir de 1866 d'ailleurs que ce mouvement s'est accentué dans une proportion qui porte au double le chiffre de la population française et cela dans une période qui n'est pas moitié de celle qui s'est écoulée depuis la conquête jusqu'en 1866. Un seul moment, — de 1841 à 1845, — la ligne d'inclinaison du diagramme indique un coefficient d'accroissement pareil à celui de la période récente dont je viens de parler.

Dans le total précité, les Espagnols entrent pour près de 4 p. 100 et les Italiens pour 1 p. 100. Les Anglo-Maltais n'y entrent pas pour ½ p. 100 et les Allemands pour ¼ p. 100.

Deux annexes de ce diagramme indiquent, l'une le nombre des communes par départements et par territoires ; l'autre l'augmentation ou la diminution des populations de nationalités diverses de 1876 à 1881. Je constate, en passant, que le chiffre des Allemands a quelque peu diminué.

Mais le diagramme le plus intéressant à l'heure qu'il est de toute cette série, c'est assurément le suivant, lequel donne le mouvement de l'émigration française de 1865 à 1881. Il est indiqué, ce mouvement, pour chacun des ports du Havre, de Bordeaux, de Bayonne et de Marseille qui reçoivent presque exclusivement les émigrants.

On n'est pas étonné de l'élévation subite de la ligne du diagramme à l'année 1872, époque où l'émigration alsacienne se produit et où, sur 15,800 émigrants, le Havre en transporte 12,750. La ligne s'abaisse aussitôt, en 1873, à 8,300 ; en 1874, à 7,200, pour arriver au niveau de 2,100 en 1877. Mais on voit le mouvement reprendre la marche ascendante, dépasser 5,000 en 1880, pour revenir à 4,300 en 1881, à la même cote qu'il avait atteinte en 1870 et en 1865.

Une annexe à ce diagramme donne, pour l'année 1881 seule, le nombre des émigrants partis de chaque port pour les divers pays. C'est le port du Havre qui en transporte à lui seul les deux tiers et presque tout aux États-Unis.

Tout cela se voit, saute aux yeux, s'explique en moins de temps qu'il ne faut pour l'écrire.

Si je n'étais guidé que par l'amour de la critique, je constaterais une lacune, à mon sens, que je ne puis non plus passer sous silence pour ne pas paraître, par contre, un admirateur engoué. Il semble que le corollaire inévitable des tableaux qui précèdent serait celui qui donnerait la quantité de Français habitant les divers pays. Pour toutes les raisons possibles, il doit être, non seulement intéressant, mais très utile à l'époque où nous sommes et dans les circonstances que nous traversons, de bien connaître les lieux où se trouve un noyau plus ou moins considérable de nos nationaux, sauf à compléter cette donnée nouvelle par des renseignements sur la nature du commerce ou des industries qu'ils exercent. Est-ce bien du ressort du ministère de l'intérieur, ou mieux du ministère du commerce ? Il n'importe ; l'un n'empêcherait pas l'autre, et j'estime que chacun peut mettre à la disposition de l'autre ce qui lui serait nécessaire pour réaliser ce desideratum.

Toute la partie de ce premier atlas graphique, — à part le diagramme de l'émigration qui provient du service de la sûreté générale et celui de l'Algérie qui est l'œuvre du service de l'Algérie même, — relève de l'administration départementale et communale. Il en est de même des suivantes, bien qu'elles soient dans un ordre d'idées tout à fait spécial, intéressant exclusivement les conseils généraux et municipaux. Je me contenterai donc d'appeler l'attention de ces corps élus sur les documents appartenant à chacune des séries que j'ai énumérées au commencement de cette étude, non sans signaler pourtant une particularité dont le diagramme nᵒ 5 offre le premier exemple.

Quand il s'agit de statistique où des recettes doivent figurer avec des dépenses, on fait le diagramme double. Une ligne horizontale partage la feuille en deux et, tandis que les colonnes-recettes s'élèvent l'une à côté de l'autre pour chaque département, les colonnes-dépenses correspondantes descendent à partir de l'horizontale ou, autrement dit, de la ligne des abscisses. L'image qui en résulte, — assez semblable à celle d'une colline vue de profil qui se mire dans l'eau, — est vraiment saisissante, eu égard à la complication d'états statistiques qui embrassent diverses périodes et qui, par conséquent, exigent plusieurs lignes s'entre-croisant entre elles. Autrement, s'il ne s'agissait que de mettre en opposition les recettes et les dépenses pour une seule année ou une seule période, ce qui n'exigerait que deux lignes diagrammétriques, il serait plus rationnel de leur donner le même axe des x et le même axe des y.

Les cartes afférentes à la proportionnalité des votants

par rapport aux électeurs inscrits, dans les élections communales du 9 janvier 1881 et législatives du 21 août suivant, offrent un champ très vaste à des observations aussi intéressantes qu'originales. Il en ressort des rapprochements singuliers entre les régions où l'indifférence en matière électorale est la plus grande et se traduit par un coefficient descendant au-dessous de 50 p. 100, et les régions où le zèle électoral est assez ardent pour relever ce coefficient à 80 et même 95 p. 100. Pour les élections municipales, la palme est aux départements de la Marne et des Hautes-Pyrénées, et, pour les élections législatives, elle revient à l'Oise, à la Haute-Marne, au territoire de Belfort, au Tarn-et-Garonne et au Gers.

Dans les comparaisons que l'on peut faire sur le même département, on voit que la différence extrême des coefficients de l'élection communale et de l'élection législative, atteint son plus grand écart dans le département de l'Ariège, où il dépasse 75 p. 100 des votants sur les inscrits dans la première et descend au-dessous de 55 p. 100 dans la seconde. Est-ce à dire que là, réellement, on s'intéresse plus aux affaires communales qu'à la politique ou aux affaires publiques ? — L'Aube offre le contraste opposé et ne donne que 65 p. 100 à l'élection communale, alors qu'il donne 80 p. 100 à l'élection législative. Le département le plus mal noté dans l'un et l'autre cas, c'est celui des Bouches-du-Rhône, et ceux qui se tiennent dans la moyenne de 70 p. 100 sont l'Ille-et-Vilaine, l'Ardèche et les Basses-Alpes.

Je m'arrête, je n'en finirais pas avec ces comparaisons dont je n'ai signalé d'ailleurs que les points de départ, et je laisse le soin de les approfondir à qui aura lieu d'en tirer les multiples conséquences.

X.

MINISTÈRE DE L'INTÉRIEUR : SUITE DES ATLAS
DE STATISTIQUE GRAPHIQUE.

Le second atlas publié par le ministère de l'intérieur est absolument consacré au service de la vicinalité. Il offre d'autant plus d'intérêt qu'il n'est peut-être pas un seul service public auquel il ne touche d'une façon plus ou moins directe. En diminuant l'importance des routes nationales et départementales dans une proportion notable, les chemins de fer n'ont pas supprimé les chemins vicinaux et si, en fait, ils en ont suppléé quelques-uns, cela n'a pas empêché que, dans la presque totalité des départements, leur nombre a augmenté. C'est ce qu'indique bien le diagramme n° 5 de l'atlas dont il s'agit, et peut-être bien y aurait-il lieu là de présenter dans un autre diagramme les variations de rapport entre le développement des chemins de fers et celui des chemins vicinaux dans chaque département.

La première partie embrasse d'abord les trois catégories de chemins vicinaux : 1° *de grande communication* ; 2° *d'intérét commun* (moyenne communication) ; 3° *vicinaux ordinaires* (petite communication), chacune séparément, d'abord au point de vue de la situation matérielle, puis sous le rapport existant entre ceux à l'état de viabilité et la longueur totale de la catégorie dont il s'agit. Un diagramme correspond au premier ordre d'idées, et une carte au second. Un résumé d'ensemble établit, dans deux diagrammes et une carte, les résultats importants ressortant des documents précédents.

Puis viennent les questions de prix de construction et d'entretien suivies des parallèles entre les ressources et les dépenses : voilà de quoi intéresser plus d'un conseil général. Mais ce qui intéresse bien davantage les administrations départementales, c'est la série de diagrammes embrassant la question de l'impôt de la prestation. Ici, il ne m'est pas possible d'entrer dans le détail sans développer à fond une quantité de questions de nature très complexe et sans risquer ainsi de sortir absolument des limites et du caractère de ce travail. Je me contenterai d'énumérer les chapitres qui s'y rapportent : 1° *produit d'une journée de prestation d'après les éléments imposables* ; 2° *nombre et valeur des journées de prestation votées ou imposées d'office* ; 3° *journées acquittées en nature ou exigibles en argent* ; 4° *proportion des unes et des autres au montant des prestations* ; 5° *affectation des journées de prestation aux chemins des trois catégories* ; 6° *valeur comparative, par département, des journées de prestation et de la journée salariée* ; 7° *dégrèvements et non-valeurs, prestations employées sur les chemins ruraux* ; 8° *conversion en tâches des journées de prestation par département* ; 9° enfin, *relevé général des trois journées de prestation pendant la période de* 1837 *à* 1880.

Nous voici aux *routes départementales* formant la 5° section de l'atlas. Celle-ci n'est pas moins intéressante que les précédentes et nous y trouvons l'un des diagrammes les plus utiles à consulter. Il a trait aux dépenses de toute nature faites en 1880 et aux ressources sur lesquelles elles ont été prélevées.

Les dépenses portent sur quatre points : 1° *personnel et frais divers* ; 2° *construction* ; 3° *grosses réparations, rectifications, améliorations* ; 4° *entretien*. Ce dernier est, de tous, le plus important, sauf dans la Lozère et les Basses-Alpes où celui de la construction l'emporte, et l'Aude où prime celui des grosses réparations.

Les ressources sont de deux sortes : budget ordinaire et budget extraordinaire. Il est curieux de constater ceux des départements qui n'ont aucune ressource extraordinaire affectée à la vicinalité avec ceux dont le cinquième seulement est pris sur le budget ordinaire. Avis aux conseils généraux intéressés.

Ce diagramme, disposé comme le n° 5 de l'atlas précé-

dent, de chaque côté de la ligne horizontale qui lui sert
d'axe, offre dans ses courbes terminales une symétrie absolue, car il s'explique que, dans les finances départementales, des chapitres de cette nature doivent se balancer et
que le chiffre des quatre sortes de dépenses doit faire équilibre à celui des deux ordres de recettes.

La dernière section de l'atlas offre encore, sous le n° 23 *bis*,
un diagramme également symétrique qui met en regard,
d'un côté, les *crédits affectés au personnel vicinal :* 1° trai-
tements fixes, 2° frais de bureaux, etc. ; et de l'autre, les
imputations de crédits, fonds départementaux, communaux,
de l'État et autres. Une contre-partie placée en bas et correspondante au diagramme principal, indique le nombre
des agents. C'est dans la Seine-Inférieure que celui-ci atteint son maximum.

Le diagramme 25, par lequel se termine l'ouvrage, présente le résumé général des voies de communications dans
les rapports des longueurs avec la population, puis avec la
superficie des départements. Il est quadruple, celui-là, et
sa base première, celle qui donne la courbe ascendante,
est la superficie respective des départements. On voit d'ici
les écarts et les soubresauts que les autres lignes subissent.
Sans parler de la Seine qui tranche toujours sur le tout,
on voit que la Lozère est tout à fait le contrepied du Nord.
J'ajouterai que ce dernier diagramme nous ramène directement à la géographie, que nous avons laissée depuis si
longtemps, en nous présentant, dans l'échelle graduée qui
lui sert de point de départ, la superficie de tous les départements, depuis la Seine, avec 479 kilomètres carrés, jusqu'à la Gironde avec 9.740. De ce tableau, il ressort que
10 départements (¹) dépassent 8,000 kilomètres carrés, 8 (²)

(¹) Gironde, Landes, Dordogne, Côtes-d'Or, Corse, Aveyron, Saône-et-Loire, Isère,
Marne, Puy-de-Dôme.
(²) Basses-Pyrénées, Yonne, Aisne, Allier, Cher, Maine-et-Loire, Vienne, Basses-
Alpes.

dépassent 7,000, 30 (¹) dépassent 6,000, 28 (²) dépassent 5,000, 6 (³) dépassent 4,000, 2 (⁴) dépassent 3,000 et un (⁵) 2,000 kilomètres carrés ; les deux derniers (⁶) sont inférieurs à 1,000.

Telles sont les œuvres capitales, les seules, d'ailleurs, du ministère de l'intérieur. Cet exposé suffira, non à leur étude, mais pour faire ressortir leurs caractères généraux dans ce qu'ils ont de plus ingénieux, de plus utile et de plus pratique. Je souhaite ardemment que, mieux connus, ces ouvrages soient demandés, qu'ainsi le ministère soit intéressé à les vulgariser (⁷), — j'entends les atlas de statistique graphique, car pour la carte de France au 1/100 000ᵉ c'est chose faite, comme on l'a vu ; — et que les Sociétés de géographie y contribuent pour leur part, comme la Société de géographie de l'Est le fait ici par ma voix et au nom de l'Union géographique du Nord qui m'a confié la rédaction de ce travail. Ce sera le meilleur éloge que l'on puisse faire de l'œuvre du ministère de l'intérieur et à l'adresse de ceux qui la dirigent.

(¹ Côtes-du-Nord, Loire-Inférieure, Charente-Inférieure, Nièvre, Morbihan, Indre, Loiret, Ille-et-Vilaine, Finistère, Vendée, Pas-de-Calais, Drôme, Loir-et-Cher, Aude, Haute-Garonne, Gers, Meuse, Haute-Marne, Sarthe, Hérault, Somme, Indre-et-Loire, Orne, Seine-Inférieure, Var, Aube, Deux-Sèvres, Eure, Charente, Manche.

(² Eure-et-Loir, Corrèze, Oise, Vosges, Gard, Ain, Savoie, Cantal, Seine-et-Marne, Tarn, Nord, Seine-et-Oise, Hautes-Alpes, Creuse, Ardèche, Calvados, Haute-Vienne, Lot-et-Garonne, Haute-Saône, Ardennes, Meurthe-et-Moselle, Doubs, Lot, Mayenne, Lozère, Bouches-du-Rhône, Jura, Haute-Loire.

(³ Ariège, Loire, Hautes-Pyrénées, Haute-Savoie, Pyrénées-Orientales, Alpes-Maritimes.

(⁴ Tarn-et-Garonne, Vaucluse.

(⁵ Rhône.

(⁶) Territoire de Belfort 610 kilomètres carrés, Seine. Tout ce qui précède est dans l'ordre descendant.

(⁷ A l'égard de ceux que ces travaux intéressent le plus directement, on peut dire que le ministère fait la vulgarisation la plus large et la plus généreuse, trop généreuse même, pour le parti que nombre d'entre eux en tirent. Ainsi, l'envoi gratuit en est fait à tous les députés et sénateurs, à tous les préfets, à chaque conseil général, à environ deux cents administrations, personnalités spéciales, enfin, suivant le rapport que ces publications présentent avec les services départementaux, aux chefs de ces services. Il n'est pas douteux que les Sociétés de géographie ne jouissent de la même faveur ou ne l'obtiennent facilement ; mais il semblerait juste, les budgets étant surchargé, qu'il fût accordé facilement une large remise sur le prix de revient pour que, si les demandes viennent à abonder, le sacrifice ne soit pas toujours fait sur la bourse de l'État.

XI.

MINISTÈRE DES TRAVAUX PUBLICS : CARTE DE FRANCE.

Les principaux travaux cartographiques du ministère des travaux publics sont de plusieurs sortes diversement importants : 1° la carte de France au 1/200000° et ses dérivés, 2° l'atlas des ports maritimes de la France, 3° les profils des grandes lignes de chemins de fer, 4° l'atlas des canaux de la France, 5° enfin les atlas de statistique graphique.

A prendre par ordre d'ancienneté, ce sont ces derniers qui devraient venir en première ligne, car déjà, en 1880, des feuilles de ces atlas figuraient à l'exposition de Nancy, tandis que la carte de France a commencé à paraître seulement dans le courant de 1881.

Si l'on ne devait juger cette carte que d'après le canevas qui lui sert de tableau d'assemblage, on en aurait une médiocre idée au point de vue de l'exactitude, car on peut se demander, par exemple, où le dessinateur a été prendre le tracé du littoral le long du golfe de Gascogne. Mais à l'aspect des feuilles mêmes de la carte, on revient vite sur cette impression absolument passagère. On sent tout de suite que l'on a affaire, non plus à une carte appelée à une grande vulgarisation, mais à la carte technique, tout à fait spéciale, et qui ne peut être mieux qu'entre les mains des agents du service des ponts et chaussées ou servir de document aux cartographes.

C'est là une source d'un tout autre ordre que la carte de l'état-major et que la carte du ministère de l'intérieur. Ici, il n'est plus question d'expression du relief par les hachures ou par le crayon. Non que les mouvements du sol n'y soient étudiés avec une précision mathématique ; mais c'est par les courbes de niveau exclusivement qu'ils sont rendus. Tracées de 100 mètres en 100 mètres, on comprend qu'elles servent là de guide consultatif et qu'elles ne peuvent donner quelque apparence au relief que dans les pays des hautes montagnes. De ce chef donc, l'usage en est interdit à la masse du public. D'ailleurs, il ne faut que consulter les notes explicatives préliminaires qui accompagnent le tableau d'assemblage, pour bien saisir le but que la direction des cartes et plans s'est proposé.

« Dressée spécialement, dit la notice, au point de vue
« des travaux publics, la carte distingue avec soin les
« voies de communication de tous ordres et les circons-
« tances physiques, agricoles, industrielles et administra-
« tives qui peuvent influer sur les courants de transports.
« C'est ainsi qu'elle indique les exploitations houillères,
« la population des communes ayant plus de 500 habitants,
« les établissements métallurgiques, les usines hydrauli-
« ques, les phares (?), les bois de plus de 400 hectares (?),
« les débits moyens des cours d'eaux, les hauteurs de
« pluie, les eaux minérales, les altitudes de certains points
« remarquables au-dessus de la mer à Marseille, les cour-
« bes de niveau rapportées au même plan de comparai-
« son. »

Si, jusqu'à un certain point, on peut s'expliquer la limite minimum d'indication de 500 habitants pour les communes, on peut se demander pourquoi celle de 400 hectares pour les bois ou forêts. Ainsi, un bois de 399 hectares n'y figure pas et celui de 401 s'y trouve. Notez que ce n'est pas la même chose que pour les communes. Les communes au-dessous de 500 âmes sont sur la carte, il n'y manque que le chiffre de la population; tandis qu'un bois au-dessous de l'étendue fixée, n'y est pas du tout. Pourquoi cette limite de 400 hectares ?

Je me hâte d'ajouter que là s'arrête absolument ma critique, — étant donné, comme je l'ai dit, le but spécial de la carte, — car, sans infirmer en quoi que ce soit les éloges que j'ai décernés à toutes les œuvres précédemment signalées, celle-ci occupe, au seul point de vue du fini de la gravure et du tirage, incontestablement le premier rang. Le papier sur lequel elle est tirée ne paraît pas la destiner à un usage journalier ni à la fatigue des étuis, des carnets ou des poches, comme la carte au 1/100000ᵉ du ministère de l'intérieur ; c'est du papier d'album et cela me confirme qu'elle est faite tout simplement pour servir de document consultatif. Grâce à sa finesse d'exécution, au délié de ses traits, elle supporte assez bien la comparaison, pour la facilité de lecture, avec toutes celles qui précèdent, malgré son échelle plus réduite. Cela est d'autant plus aisé à comprendre que, abstraction faite de sa perfection, le relief du sol n'y est exprimé que par des courbes et qu'en dehors de son objet spécial, elle n'est pas aussi complète qu'aucune des autres. Faite en trois couleurs, — planimétrie routière, chemins de fer, bois et forêts, texte en noir; hydrographie en bleu, et courbes de niveau en rouge, — elle est très expressive; le bleu des eaux surtout a une grande vigueur et donne beaucoup de netteté au dessin. Peut-être est-il même un peu trop foncé et prêterait-il, dans un jour incomplet, à être confondu avec le noir. Ceci est un détail et je préfère de beaucoup l'excès dans ce sens que dans le sens contraire.

La carte entière comprendra 141 feuilles, à peu près de la même dimension que celles de la carte du ministère de l'intérieur, soit 42 centimètres sur 30 en œuvre. 30 seulement sont parues, dont aucune dans la région montagneuse proprement dite, et la plupart appartenant à la région du Nord. La projection ici est plane et cadrée sur celle de l'état-major.

En dehors des couleurs précitées qui entrent dans le tirage, un trait de pinceau assez large, en ocre jaune clair, accentue la limite des départements, et un trait plus étroit, de même couleur, sépare les arrondissements. Cela facilite de beaucoup les recherches et peut-être est-ce une lacune des autres publications ministérielles de ce genre

qui gagneraient ainsi beaucoup en clarté, sans risquer de
surcharger les cartes outre mesure. Je ne saurais oublier
non plus une teinte grise en deux tons indiquant, le plus
clair les concessions houillères, le plus foncé la partie
exploitée de celles-ci.

Sans que cette publication vise, pour les causes précitées, à une vulgarisation étendue, la direction des cartes
et plans s'est préoccupée de la rendre pratique pour les
administrations départementales. Dans ce but, elle a groupé,
par voie de report, les feuilles appartenant à chaque département en ne laissant, des parties limitrophes, que ce
qu'il en faut pour remplir le cadre. Les deux feuilles parues sont celles des départements de la Nièvre et de la
Seine-Inférieure. Elles sont comprises dans des dimen-
sions uniformes de 0^m,75 sur 0^m,55. Cette dimension ne
saurait convenir à tous les départements, et ceux du Nord
et de Meurthe-et-Moselle, par exemple, exigeront un cadre
d'un tiers et même de moitié plus haut.

Ces cartes départementales n'offrent aucune différence
avec les feuilles originales, si ce n'est que, pour bien dé-
tacher la forme du département qui en fait l'objet, une
légère teinte verte couvre toutes les parties à l'extérieur
de la limite du département. De sorte que, contrairement à
toutes les cartes faites jusqu'ici, — la plupart du temps cou-
vertes de couleurs criardes qui en dissimulent les qualités
si elles sont bonnes, en cachent les défauts si elles sont
mauvaises et en font disparaître en tous cas les détails
utiles, — celles-ci laissent en pleine lumière la surface
du département sans pour cela couvrir d'une façon inin-
telligible les territoires avoisinants. C'est là une excellente
innovation toute à l'avantage de ceux qui l'ont introduite
dans ce genre de cartes et qui devra être imitée dans toutes
les publications analogues.

Tel est, jusqu'à présent, l'unique dérivé de la carte au
1 200 000e du ministère des travaux publics. Encore une

fois, malgré les lacunes signalées, c'est une source excellente, indispensable même à tout cartographe ; mais ce
n'est pas une œuvre de vulgarisation, même dans le sens le
plus restreint du mot. On ne saurait d'autant moins s'en
plaindre d'ailleurs, ni en faire l'objet d'une critique, que
la direction des cartes et plans n'y a, selon toute apparence,
aucunement prétendu.

XII.

MINISTÈRE DES TRAVAUX PUBLICS : ATLAS DES PORTS MARITIMES.

La seconde publication cartographique du ministère
des travaux publics, est, ai-je dit, l'Atlas des ports maritimes de la France, œuvre géographique au premier chef,
car il n'est pas une carte du littoral à grande échelle que
l'on puisse entreprendre sans avoir recours à cette source
nouvelle. Ici l'on retrouve l'esprit de méthode qui carac-
térise les travaux de ce ministère. L'œuvre n'est pas complète, il s'en faut (¹) ; elle n'embrasse encore que le littoral
de la Manche et une faible partie de celui de l'Atlantique.
Mais il est facile de se rendre compte, grâce à l'esprit
d'uniformité qu'elle révèle, de ce qu'elle sera terminée.
Le principe de l'uniformité d'échelle y est absolu : c'est
celle de 0,0002, soit 1 5000ᵉ qui sert indistinctement pour
tous nos ports, grands ou petits. Aussi, pour les premiers,
faut-il une feuille double, tandis que, souvent, trois ou
quatre, et même cinq ou six des autres trouvent place dans
une feuille simple. C'est de la cartographie rationnelle

(¹) Quatre livraisons ont paru et la cinquième doit paraître prochainement. Les
quatre premières comprennent deux cartons : l'un contient 51 feuilles, moins les
nᵒˢ 41 et 46, dont trois sont des cartes partielles des côtes au 1:133.333 soit 1:133.333
pour faciliter les recherches ; 6 sont doubles : 1° Dunkerque, 2° Gravelines, 3° le
Havre, 4° Rouen, 5° Cherbourg, 6° Saint-Malo, Saint-Servan et Dinard ; et les 45
autres ne donnent pas moins de 81 plans des diverses stations maritimes de la Manche, depuis Dunkerque jusqu'à Argenton.

L'autre carton va des feuilles 52 à 78, manquent les nᵒˢ 61 et 71, de Brest au Croisic, dont la première (Brest) est double et les 25 autres contiennent les plans de 61
ports de diverses importances.

par excellence et il me sera bien permis de dire en passant que c'est là le principe que, de mon côté, je préconise et je projette de réaliser dans mon atlas uniprojectionnel.

Comme facture, les plans sont très simples. Deux couleurs suffisent : le bleu pour les eaux, le noir pour la planimétrie routière, le texte et le relief. Ce dernier est exprimé par des hachures en supposant la lumière oblique. Toutefois, il est à remarquer qu'au lieu de venir de l'angle gauche supérieur, comme le supposent les cartographes suivant les conventions générales du dessin, ici elle part de l'angle gauche inférieur, suivant les lois de la géométrie descriptive, étant supposé qu'il s'agit d'un objet vu en plan alors que s'il était vu en élévation ce serait comme ci-dessus. Quoi qu'il en soit, au cas particulier c'est très secondaire et il n'y a pas là plus à critiquer qu'à louer.

J'aurai terminé ce qu'il y a à dire sur ce travail quand j'aurai dit : 1° que l'hydrographie indique le niveau des eaux à la haute mer ainsi qu'aux plus basses eaux ; 2° et que la rose de fréquence des vents existe dans chaque carte, sur la base de 1 millimètre pour 3 jours de durée du vent.

Toute la série des plans des ports de la Manche a été exécutée, ou plutôt publiée de 1872 à 1878. L'année 1879, à elle seule, a vu paraître toute la série de Brest au Croisic. Depuis lors, il semble que cet immense et si utile travail a subi un ralentissement. Il est bien désirable que son exécution soit activée rapidement et que, à court délai, les travaux entrepris, dans nos principaux ports du nord principalement, soient publiés, car ils touchent aux questions si brûlantes du développement immédiat de notre commerce extérieur.

XIII.

MINISTÈRE DES TRAVAUX PUBLICS : PROFILS-CARTES
DES CHEMINS DE FER.

Avec la troisième catégorie des publications du ministère des travaux publics, nous abordons un tout autre ordre d'idées, et si le cartographe peut être quelquefois appelé à la consulter, à y puiser même, ce ne peut être qu'à un point de vue tout spécial et pour des études techniques. Elle ne laisse pourtant pas d'avoir un certain intérêt. On n'y trouve plus la perfection d'exécution des plans des ports, encore moins celle de la carte du 200 000e. Elle serait d'ailleurs superflue ici. Les *profils-cartes des chemins de fer* sont de simples lithographies ou autographies en noir. Ce qui intéresse le plus le cartographe dans ce travail, c'est particulièrement le profil, même en dehors de tout autre détail ; car, non seulement les montées et les descentes suivent une ligne diagrammétrique réglée suivant leur degré d'élévation au-dessus du niveau de la mer, mais encore l'arête des tranchées et des remblais se dessine, pour les unes au-dessus, pour les autres au-dessous de la ligne de fer, séparée de celle-ci par une hachure ou un sablé, suivant qu'elle indique le remblai ou la tranchée. De sorte que l'on a, suivant l'itinéraire des chemins de fer, une coupe mathématique du relief du sol, ce qui est un moyen précis de contrôler les courbes de niveau ou les cotes de certaines cartes à moyenne ou à grande échelle.

Le développement du profil se fait sur une bande de 8 à 9 centimètres de hauteur et sur une ligne de base divisée par kilomètres à l'échelle de 1/160 000", soit à moitié de l'échelle de la carte de l'état-major. A chaque point d'intersection des pentes entre elles ou avec les paliers, correspond une verticale qui descend sur la ligne de base à tel point kilométrique correspondant, au-dessous duquel se trouve l'altitude exacte (à un centimètre près) du point de dénivellement précité. L'échelle des cotes est 50 fois plus grande que celle des distances, de sorte qu'une rampe indiquée $\frac{6}{1,196}$ (c'est-à-dire de $0^m,006$ par mètre sur une longueur de 6,196) comme sur les poteaux qui longent les voies ferrées, se présente, dans le profil, sous une inclinaison de 15 degrés.

Parallèlement à la bande du profil et au-dessous, se trouve un espace analogue où est dessinée, par segments découpés pour permettre de suivre les grandes sinuosités du parcours, la carte du pays traversé par le chemin de fer. Le long de la ligne sont des indications correspondantes à celles du profil. Sur ce dernier, un petit signal figurant un disque indique l'emplacement de chaque station. Enfin, entre les deux espaces précités, est une petite bande étroite où un diagramme, tracé d'un trait assez fort, formé de droites et de courbes sortantes ou rentrantes, indique le sens des courbes mêmes de la voie à gauche ou à droite de la ligne directe. Chaque feuille se compose de trois systèmes de bandes disposées parallèlement au-dessous les unes des autres et se faisant suite.

L'ensemble de cette publication est peu avancé encore. Quatre feuilles seulement du réseau d'Orléans, trois de celui de Lyon, une de l'Est et trois de l'Ouest sont parues ; ce qui ne fait certainement pas le dixième de l'importance totale de l'ouvrage.

XIV.

MINISTÈRE DES TRAVAUX PUBLICS : ATLAS DES CANAUX DE LA FRANCE.

Autre chose est encore la quatrième catégorie qui consiste en un *Atlas des canaux de la France*, comprenant tous les travaux accomplis dans ce genre de 1855 à 1878. Celle-ci qui, par son titre, devrait venir comme annexe naturelle de l'Atlas des ports français, tient bien moins encore que la précédente à la cartographie proprement dite. Encore est-ce une source excellente à consulter en plus d'un cas et un travail mieux soigné d'exécution que celui des profils-cartes des chemins de fer.

Une carte planimétrique donne d'abord le tracé général de chacun des canaux, lequel est accompagné d'un profil en escalier dont les distances kilométriques entre les écluses sont les abscisses et les variations de nivellement les ordonnées, comme dans les profils précédents. Les longueurs sont à l'échelle de 1/200000ᵉ et les hauteurs à celle de 1/1000ᵉ. Puis viennent, à des échelles variant du 1/200ᵉ au 1/1000ᵉ, les plans partiels, les travaux d'art, les profils en travers, le tout faisant partie du domaine exclusif des ingénieurs ou conducteurs des ponts et chaussées, mais fort utile aux administrations locales ou départementales, aussi bien qu'aux travaux planimétriques à grande échelle.

Vingt-neuf grands canaux ou embranchements (¹) figurent dans cet atlas et l'on doit désirer qu'une prompte mise à jour, par une édition supplémentaire, vienne compléter les lacunes qu'il renferme, en égard à sa date relativement ancienne. Ainsi, par exemple, il n'y a pas trace de la nouvelle et importante voie du canal de l'Est, sur laquelle notre Bulletin (²) a publié une notice si intéressante accompagnée d'une carte et d'un profil.

<h2 style="text-align:center">XV.</h2>

MINISTÈRE DES TRAVAUX PUBLICS : ALBUMS DE STATISTIQUE
GRAPHIQUE.

Avec les publications de la cinquième catégorie du ministère des travaux publics, nous revenons à la statistique graphique que nous avons étudiée si longuement et avec tant d'intérêt lorsqu'il s'est agi du ministère de l'intérieur. Ici l'intérêt n'est pas moindre, car, si l'objet est tout diffé-

---

(¹) Ce sont : 1° Aisne canalisée et canal des Ardennes ; 2° de l'Aisne à la Marne ; 3° Cher et canal du Berry ; 4° de Bourgogne ; 5° de Caen à la mer ; 6° du Centre ; 7° de la Charente à la Seudre et de Charras ; 8° latéral à la Garonne ; 9° de Givors ; 10° latéral à la Loire ; 11° de Langres ; 12° de la Marne au Rhin ; 13° latéral à la Marne ; 14° du Midi ; 15° de Mons et Charleroi vers Paris ; 16° de Nantes à Brest, d'Ille-et-Rance, du Blavet et de la Vilaine ; 17° du Nivernais ; 18° des départements du Nord et du Pas-de-Calais ; 19° d'Orléans, de Brière et du Loing ; 20° de Pont-de-Vaux ; 21° du Bassin maritime du Rhône ; 22° de Roanne à Digoin ; 23° du Rhône au Rhin ; 24° de Roubaix (le nouveau) ; 25° de Savières ; 26° de la Haute-Seine ; 27° de la Somme ; 28° de la ville de Paris ; 29° de la Vire.

(²) *Bulletin de la Société de géographie de l'Est*, 3ᵉ trim. 1879 et 1ᵉʳ trim. 1880.

rent, il y a quelques points de rapprochement très sensibles en ce qui concerne, par exemple, le développement des voies de communication par département et les données relatives à l'entretien des routes nationales. Ces deux indications font l'objet des cartes 1 et 15 du premier album de statistique graphique publié en 1880 et qui renferme les documents diversement afférents aux années 1876 (une carte), 1877 (une carte), 1878 (13 cartes) et 1879 (une carte). Cet album, ainsi que celui de 1882, le dernier d'ailleurs, sont les seuls dont il soit resté des exemplaires au ministère et qu'il ait pu nous communiquer. Ils suffisent, le dernier étant naturellement le plus complet et celui qui lui est antérieur de deux ans, permettant, dans les cartes communes à tous deux, de faire des comparaisons très instructives.

De cette nature sont les cartes du *tonnage des chemins de fer* en 1878 (feuille 5 du 1er) et en 1880 (f. 1re du 2e); — du *tonnage des rivières, canaux et ports* en 1878 (f. 6 du 1er) et en 1880 (f. 2 du 2e); — des *recettes des stations des chemins de fer* en 1878 (f. 8 du 1er) et en 1880 (f. 18 du 2e); — des *recettes brutes kilométriques des chemins de fer* en 1878 (f. 9 du 1er) et en 1880 (f. 16 du 2e); — des *produits nets kilométriques des chemins de fer* en 1878 (f. 10 du 1er) et en 1880 (f. 17 du 2e); — enfin les cartes des recettes des omnibus, tramways et bateaux-omnibus de Paris.

Mais si le second de ces albums est plus complet, — et nous le verrons tout à l'heure, — le premier renferme des éléments dont la reproduction annuelle n'offrirait aucun intérêt ou n'aurait pas même de raison d'être.

De cette nature sont le *développement des voies de communications par département* (f. 1), qui ne peut présenter de variations sensibles que tous les cinq ou tous les dix ans; — les *conditions techniques d'établissement des chemins de fer* (f. 2); — les *frais de premier établissement des chemins de fer* (f. 3) et *des voies navigables et ports* (f. 4); le *tonnage des routes nationales* (f. 7) qui doit fatalement suivre une voie descendante au profit des chemins de fer; — les *conditions de navigabilité des voies navigables* (f. 14); — les *données relatives à l'entretien des routes nationales* (f. 15); — enfin, le *développement des chemins de fer dans les principaux États*, de 1830 à 1878 (f. 16), carte qui doit être intéressante à refaire aujourd'hui pour bien marquer la note d'initiative et de progrès économique donnée par chaque État.

Dans cette dernière, au centre de chaque pays, est un cercle divisé en 6 parties égales, chaque point de division correspondant aux dates successives de 1830, 1840, 1850, 1860, 1870 et 1878. De chacun de ces points pris comme centre, est décrite une circonférence dont le rayon est donné par la formule $= 0,01 \sqrt{\dfrac{n}{30,000}}$, n étant le nombre de kilomètres qui mesure le développement périodique. Au centre même du cercle primitif, se trouvent deux secteurs indiquant, pour 1878 seulement, le développement relatif, l'un à l'étendue du territoire, l'autre à l'importance de la population. Le rayon de ces secteurs est déterminé par la formule $= 0,0075 \sqrt{\dfrac{n}{14}}$, n représentant le nombre de kilomètres par rapport à une superficie d'un myriamètre carré, ou à une population de 10,000 habitants.

J'ai détaillé ce mode d'indication pour faire ressortir la manière ingénieuse dont procède la direction des cartes et plans au ministère des travaux publics; mais je ne saurais m'étendre, à propos de chaque carte, sur les rapprochements auxquels peut donner lieu la disposition de chacune d'elles : ce serait la matière d'un volume. Cependant, j'en résumerai ce qui me paraît indispensable en disant que les cartes 1 et 15 procèdent également de secteurs circulaires comme celles de la carte d'Europe précitée, — sous réserve des adaptations spéciales que comporte la différence du but ; — que les cartes 4 et 8 portent des indications par cercles d'autant plus grands que les chiffres sont plus élevés ; — qu'enfin les cartes 2, 3, 5, 6, 7 et 9 à 14 indiquent les données arithmétiques par des bandes d'autant plus larges que celles-là atteignent d'intensité.

Le procédé des bandes donne un effet saisissant, mais qui ne me paraît pas être sans de graves inconvénients, et je m'étonne que la direction des cartes et plans n'ait pas trouvé un moyen d'y obvier. Ainsi, l'échelle de la carte, — le 1/2500000ᵉ, si je ne me trompe et à en juger au coup d'œil, — est relativement petite pour supporter des bandes qui atteignent près de 3 centimètres pour la largeur proportionnelle aux recettes des voies ferrées. Il arrive que, dans le Midi par exemple, des tronçons entiers disparaissent dans la grande artère et il faut recourir à une indication spéciale, très peu apparente, pour y trouver les données concernant les embranchements. Dans l'album de 1882, on a déjà cherché à y remédier en imprimant en noir les chiffres du tonnage, mais cela me paraît insuffisant. Est-ce que, par exemple, tout en maintenant les couleurs différentes pour chacun des réseaux de chemins de fer et pour les indications de 500,000 tonnes et au-dessous — (à l'échelle adoptée de 1 millimètre pour 100,000 tonnes), — on ne pourrait pas, pour chaque quantité de 500,000 tonnes et au-dessus, imprimer un trait noir, simple, double, triple ou quadruple, — ce qui correspondrait en totalité à un minimum de 1,000,000, 1,500,000, 2,000,000 et 2,500,000 tonnes, sans que les 4 traits, placés au milieu de la bande coloriée qui aurait alors au moins 5 millimètres de largeur, prennent plus de 1 millimètre et demi à 2 millimètres de cet espace ? Ne serait-ce pas aussi expressif et plus clair ? On éviterait au moins l'inconvénient précité.

Je n'ai assurément pas la prétention de dire que ce soit là le meilleur procédé ; mais j'estime qu'il y a mieux à faire sous ce rapport que ce qui est fait, et la somme d'éloges que valent à la direction des cartes et plans, l'ensemble et le nombre de ses travaux, peut lui permettre d'accueillir cette critique : elle prouve, mieux que toute banale félicitation, l'intérêt que mérite l'œuvre dont il s'agit.

XVI.

MINISTÈRE DES TRAVAUX PUBLICS : SUITE DES ALBUMS DE STATISTIQUE GRAPHIQUE.

Le second album, le plus récent et le plus complet, ai-je dit, renferme, outre des éléments nouveaux, certains procédés graphiques que l'on ne trouve pas dans ce que j'ai eu à examiner jusqu'ici. Dans la 3ᵉ carte, nous trouvons déjà un de ces éléments : c'est le *tonnage des marchandises transportées par le cabotage en* 1880, représenté par deux bandes coloriées longeant l'extérieur de la côte : l'une, la plus large, allant de Dunkerque à Bayonne, donnant le quantum du petit cabotage ; l'autre, plus étroite, longeant la première jusqu'au golfe de Gascogne où elle se bifurque vers l'Atlantique, représentant le grand cabotage.

La 4ᵉ carte, afférente au *mouvement des combustibles minéraux sur les voies ferrées et navigables*, présente, réunis, les deux systèmes : l'un, les secteurs circulaires (¹), appliqué aux divers réseaux de chemins de fer ; l'autre, les bandes coloriées, appliqué aux voies navigables. L'aspect de cette carte est d'autant plus frappant qu'il y a entre le réseau ferré et canalisé du Nord une telle différence avec les autres, qu'à lui seul il représente 52 p. 100 de la totalité.

Autre chose encore est la 5ᵉ carte figurative des *expéditions des voyageurs et des marchandises par les principales*

(¹) Le cercle entier indique, suivant sa grandeur, le tonnage total d'un réseau, et le segment, la part proportionnelle fournie par les combustibles minéraux.

stations en 1880. Ici, à chacune des gares, se trouve un carré de couleur, — il y a, comme dans toutes les autres cartes, une couleur adaptée à chaque réseau, — représentant le total du mouvement de la gare et divisé en deux parties : celle du haut indiquant le mouvement des marchandises en raison de 4 millimètres carrés pour 10,000 tonnes et celle du bas en raison de la même superficie pour 10,000 voyageurs. Un petit tableau, placé à gauche de la carte, donne le mouvement des gares de Paris, et l'on est étonné des rapprochements curieux qu'il présente. Ainsi, celles de l'Ouest, dont le tonnage (1,380,000 tonnes) approche de très près celui des gares du Nord (1,387,600 t.) ont transporté trois fois et demie plus de voyageurs (10,521,500) que ces dernières (2,996,000) et six fois et demie plus que celles de Lyon (1,621,800) qui ont pourtant un tonnage important de 1,256,000 tonnes. A lui seul, l'Ouest transporte la moitié des voyageurs au départ de Paris (22,633,700). Assurément, ce coefficient est formé en grande partie par le service de la banlieue, mais ce n'est évidemment pas la seule cause de son élévation.

L'innovation présentée par la feuille 6 est bien plus grande encore. C'est la carte figurative du *trafic rapporté à la population desservie*, dans laquelle le rapport est indiqué sous deux formes. Une bande rose indiquant le coefficient des voyageurs, est latérale à une bande bleue qui se rapporte au tonnage des marchandises. Les termes de *population desservie* seraient assez vagues si l'on n'avait pris une base unique de 5 kilomètres de chaque côté de la voie, encore que là où deux lignes sont plus rapprochées on a dû prendre une distance moindre. « Comme une pareille « carte exige un travail considérable », dit la légende, « on « s'est borné tout d'abord à celle du réseau de Lyon pour « soumettre cette méthode à l'appréciation du public. Si « ce genre de recherches obtient quelque faveur, il sera ap-

« pliqué successivement aux autres réseaux, après avoir
« reçu les perfectionnements résultant des critiques com-
« pétentes qu'il aura pu susciter .» Voilà certes un langage
qui met à l'aise et qui est d'autant plus louable que, jusqu'ici, nos administrations ne nous y ont pas habitués.
Déjà la direction de la carte de France au ministère de l'intérieur nous a donné un pareil exemple, et je me félicite
d'être peut-être le premier à constater une disposition de
si bon augure en souhaitant vivement qu'elle ne reste pas
à l'état de lettre morte.

Je passe, faute de pouvoir m'y étendre, sur la feuille 7
qui donne en un diagramme les *résultats d'exploitation du
canal de Suez de* 1870 *à* 1881, et j'arrive au *mouvement des
principaux ports français* (f. 8) et au *mouvement des principaux ports algériens et tonnage des chemins de fer* (f. 9), où
l'on retrouve le mode d'indication par secteurs circulaires.

Les feuilles 10 et 11 comprennent, sous deux faces,
l'effectif des marines marchandes des divers pays, représenté
par des diagrammes ordinaires coloriés. Les feuilles 12 à
15 ont trait aux *chemins de fer d'intérêt général* au point de
vue des concessions, des dépenses d'établissement, des
produits nets, des garanties d'intérêt des grandes compa-
gnies.

J'ai parlé déjà, à propos du premier album, des feuilles
16 à 19, et je passe sur les feuilles spéciales à la circulation
parisienne pour en arriver tout d'abord à une carte qui
ne fait pas partie de celui-ci, — mais qui s'y rattache par
sa facture et son objet : c'est celle des chemins de fer
construits ou projetés ; — puis à une carte spéciale que je
trouve à la fin de l'album, alors qu'elle ne paraît, au contraire, avoir rien qui l'y rattache, au moins directement.

Avec elle, nous rentrons dans le domaine de la cartographie pure, et il semblerait que c'est à dessein que je
l'ai choisie pour finir cette longue énumération des cartes
de la France continentale et comme conclusion technique

de ce travail. C'est un cartogramme (¹) donnant l'*état d'a-*
vancement des cartes à grande échelle en Europe. Si long déjà
que soit ce rapport, je ne puis pas ne pas donner l'économie de ce tableau si profondément utile à tous ; car personne ne peut voyager à l'étranger avec fruit et facilité,
s'il n'est muni des cartes topographiques des pays qu'il tra-
verse et si, par avance, il ne sait lesquelles se procurer.

J'exprimerai toutefois un regret, c'est que l'on ait restreint de beaucoup trop les limites du cadre. Ainsi, toute
la partie orientale de la Prusse, de Danzig à Kœnigsberg,
ne s'y trouve pas indiquée et la Gallicie n'y est qu'en
partie non plus. Il en est de même de l'Italie et de l'Es-
pagne que l'on ne voit pas au-dessous du 42ᵉ parallèle et
de la Russie qui n'y figure pas du tout. Cela n'infirme en
rien la valeur, l'utilité surtout du document, au contraire :
je souhaite sincèrement qu'il justifie davantage sa raison
d'être en étendant un peu le format, ce qui me paraît plus
facile que de refaire le travail à une échelle moindre.

Son titre dit son objet. Mais la légende nous explique
que l'on indique à la fois les cartes topographiques, — dans
le genre de notre carte d'état-major, — les minutes à plus
grande échelle que certains États publient et, par un chiffre
rouge donnant le coefficient de l'échelle, les cartes ou
minutes publiées par courbes de niveau. Le tableau suivant fera mieux ressortir que de longues explications le
résultat que l'on peut tirer de ce document.

---

¹ Mot nouveau, fort exact d'ailleurs, que je trouve dans la légende de ce document.

PAYS.	ÉCHELLE des cartes ombrées en hachures.	ÉCHELLE des cartes par courbes de niveau.	ÉCHELLE des minutes par courbes de niveau.	ÉCHELLE des minutes en hachures.
Allemagne :				
Prusse	100,000ᵉ	»	25,000ᵉ	»
Annexés.	100,000ᵉ	»	25,000ᵉ	»
Bavière	50,000ᵉ	»	25,000ᵘ	»
Wurtemberg . . .	50,000ᵉ	»	25,000ᵉ	»
Oldenbourg . . .	50,000ᵉ	»	»	»
Bade	50,000ᵉ	»	25,000ᵉ	»
Alsace-Lorraine. .	80,000ᵉ	»	»	»
Angleterre.	63,360ᵉ	10,560ᵉ	»	2,500ᵉ
Autriche.	»	75,000ᵉ	25,000ᵉ	»
Hongrie	»	75,000ᵉ	25.000ᵉ	»
Belgique.	»	40,000ᵉ	20,000ᵉ	»
Danemark	80,000ᵉ	»	{ 40,000ᵉ } { 20,000ᵉ }	»
Espagne.	»	50,000ᵉ	»	»
France	{ 80,000ᵉ } { 100,000ᵉ }	{ 200.000ᵉ } { 50,000ᵉ }	»	»
Italie	100,000ᵉ	»	{ 50,000ᵉ } { 25,000ᵉ }	»
Suisse.	100,000ᵉ	»	{ 50,000ᵉ } { 25,000ᵉ }	»

Je ne veux pas m'étendre davantage sur les détails de
la légende, — il faut, non seulement s'arrêter, mais encore laisser à ceux qui ont besoin de ce document, quelque
chose à y chercher et une raison de se le procurer ; —
cependant il est bon de dire qu'un canevas numéroté à
chacun des rectangles partiels qui le composent, sert de
référence à chaque catégorie de cartes ; que les cartes
restées en blanc sont celles qui ne sont pas encore exécutées ; enfin, que des caractères spéciaux indiquent si elles
sont faites en gravure sur cuivre ou sur pierre, ou encore
en héliogravure ou en zincographie.

En un mot, ce tableau, pour être la moins importante des
œuvres du ministère des travaux publics, peut être rangé
parmi les plus utiles, je dirai même parmi les plus indis-

pensables. Il est à désirer qu'il soit tenu à jour aussi ré-
gulièrement que possible.

XVII.

MINISTÈRE DE LA MARINE.

Nous voici arrivés aux cartes du ministère de la marine.
Mais j'avoue mon embarras, non d'apprécier ses travaux
dont le cadre et l'objet sont parfaitement connus, dont la
raison d'être et le mode même d'exécution sont bien dé-
finis et ne prêtent guère à des critiques contradictoires ;
mais parce que, au ministère de la marine, on n'a pas du
tout les idées que l'on met de plus en plus en pratique
dans les autres ministères, idées de vulgarisation par des
dons gracieux ou des réductions de prix accordées à des
corps spéciaux ou aux membres des Sociétés savantes.
Loin de là, et si, il y a quelques années, on a fait quelques
libéralités, — qui ne sont pas du tout, en tous cas, à mettre
en parallèle avec celles du ministère de la guerre, ni,
après lui, avec celles des ministères de l'intérieur et des
travaux publics, — aujourd'hui un *non possumus* est opposé
aux demandes de ce genre adressées à la direction des
cartes de la marine.

Je conviens que, pour l'emploi direct sur le continent,
les cartes de la marine sont presque inutiles ; mais il n'est
pas un géographe, — j'entends celui qui étudie la géographie et celui qui dresse des cartes, — qui n'ait besoin d'y
recourir fréquemment et qui, faute de les trouver dans les
bibliothèques ordinaires, ou dans l'impossibilité de se les
procurer à prix d'argent, devrait au moins pouvoir les
consulter dans les bibliothèques des Sociétés de géographie. Or, on sait que celles-ci ne sont pas assez riches
pour se payer le luxe de plusieurs centaines de cartes à
un prix sur lequel l'éditeur a, pour sa part, une forte
remise (¹), et les trois ministères précités ont bien compris,

---

(¹) La Société de Paris est, en cela, privilégiée, car les ministères en général n'ont eux, la situation précaire des Sociétés de géographie de province ('), soit en les dotant spontanément et en les inscrivant au service des envois gratuits, soit en leur accordant, pour elles et pour leurs membres, une réduction de moitié sur les prix ordinaires. Par une récente circulaire même, M. le ministre de la guerre vient de généraliser la mesure en l'étendant à tout le monde. Or, on constate avec un regret profond et une surprise non moins égale que c'est l'attitude absolument opposée que tient la direction des cartes de la marine et cela, je puis le dire, au grand détriment de ses intérêts. Faute d'écoulement, les cartes vieillissent vite, — et les vieilles cartes abondent de ce côté-là ; — faute d'un plus grand tirage, elles reviennent plus cher et personne n'en profite. Il n'est pas besoin, pour le public, d'une édition de luxe ni d'autre chose qu'un report sur pierre pour ne pas fatiguer la planche gravée. Pourquoi ne pas faire ce qui a si bien réussi au ministère de la guerre ? Au moins si l'édition spéciale à la navigation ne peut subir de réduction de prix sans perte pour le budget, il y aurait la carte en report au prix de 1 franc, sinon au-dessous, pour les sociétés et, au besoin, pour le public. Vraiment on ne s'explique pas cette singulière raideur de la part d'un ministère, alors que tous les autres suivent une pente si opposée et cela pour le plus grand bien de la géographie et du public français.

Je regrette d'avoir à m'exprimer de la sorte au sujet de travaux si importants et si utiles à la science, mais cela explique la précarité des documents que j'ai eus à ma disposition et la brièveté de ce qui suit à ce sujet. Je ne m'illusionne pas sur la portée de ce rapport, on le sait, encore moins sur l'influence qu'il exercera sur la direction intéressée ; mais il est toujours fâcheux que de pareilles cons-

jamais attendu qu'elle demande leurs publications pour les lui offrir aussitôt qu'elles paraissent.

1 Au moins celles qui, par leurs services, ont obtenu la reconnaissance d'utilité publique.

tations puissent être faites et le jour où des voix plus autorisées que la mienne s'en feront l'interprète, on regrettera peut-être un peu tard, au ministère de la marine, d'avoir refusé de suivre le courant de vulgarisation scientifique qui est le besoin de l'époque et l'un des éléments essentiels du relèvement national (¹).

Cependant, à côté de ce grave reproche, je constate que le ministère de la marine a tenu à figurer à l'exposition de Douai et il n'est que juste de signaler les quelques œuvres inédites, que j'ai pu remarquer, parmi plusieurs autres bien connues, dans la rapide visite que j'ai faite à l'exposition. Ce sont les plans manuscrits du territoire de Chandernagor, au 1 12 500ᵉ, de Karikal, au 1/23 000ᵉ, et de Pondichéry au 1 62 000ᵉ, dus tous trois au service des ponts et chaussées dans les colonies. Puis le plan de Cayenne au 1/2000ᵉ, également manuscrit. Enfin, le plan topographique de l'arrondissement de Baria (Cochinchine) au 1/2000ᵉ, imprimé, et la belle grande carte de l'Indo-Chine, de M. Dutreuil de Rhins, au 1/1 000 000ᵉ qu'a éditée à grands frais le ministère de la marine.

XVIII.

CONCLUSIONS.

Ici se termine mon rapport sur les travaux cartographiques des différents ministères.

Comme conclusion, peut-être n'y a-t-il pas d'autres choses à dire que de répéter les considérations déjà présentées au début, sur la multiplicité inouïe de ces publications, sur le défaut d'unité dans la direction qui devrait être la même pour toutes. Je n'ai plus à insister sur ce

---

(¹) Peut-être le vœu émis par le Congrès de Douai pour la réduction générale de prix, pour les Sociétés de géographie et leurs membres, de toutes les publications cartographiques ministérielles, aura-t-il un meilleur succès que nos démarches isolées. Les Sociétés elles-mêmes sont trop intéressées à une solution favorable pour hésiter à agir d'un commun et énergique accord dans ce sens.

sujet. C'est une réforme trop longue et trop foncière à obtenir pour espérer la voir se réaliser prochainement. Au surplus, trop de ces travaux souffriraient aujourd'hui d'une pareille fusion. Cependant cette division du travail s'expliquerait encore et pourrait logiquement se soutenir, si elle ne se traduisait parfois par une rivalité, plus ou moins apparente, que l'on chercherait en vain à dissimuler derrière la raison des besoins spéciaux des services. Ce qui peut remédier à ce fâcheux état de choses, contre lequel protestent le bon sens public et la bonne administration financière, c'est une direction supérieure, unique, traçant à chacune des directions spéciales son cadre d'action pour éviter les doubles emplois et les publications concurrentes ; puis, obligeant chacune d'elles à puiser chez les autres ce qu'elle peut y trouver, pour éviter de refaire à deux fois ce qui coûte déjà si cher à créer une première. C'est peut-être difficile ; je ne crois pas que ce soit impossible.

Quoi qu'il en soit, c'est le seul remède à cette prodigalité qui est aussi de la confusion. Je suis convaincu que, du jour où il serait aussi énergiquement que loyalement appliqué, les grandes sources de la géographie en France ne pourraient que gagner en valeur et en autorité, et le budget, des ressources qui trouveraient tant d'autres emplois utiles.

Nancy, octobre-novembre 1883.

J. V. BARBIER.

Nancy, Imprimerie Berger-Levrault et Cie.